POEMAS

Austral Singular

EMILY DICKINSON
POEMAS

Selección y traducción
Silvina Ocampo

Planeta

PEFC Certificado

Este libro procede de bosques gestionados de forma sostenible

PEFC

PEFC/14-38-00305

www.pefc.es

Avda. Diagonal, 662-664, 08034 Barcelona (España)
www.planetadelibros.com

Diseño de la colección: Austral / Área Editorial Grupo Planeta
Ilustraciones de la cubierta: Shutterstock
Primera edición en Austral: noviembre de 2015
Primera edición en esta presentación: marzo de 2026

Depósito legal: B. 24.561-2026
ISBN: 978-84-08-31729-6
Impreso en España

Biografías

Emily Dickinson (Amherst, Massachusetts, 1830-1886) creció en un ambiente dominado por el calvinismo evangélico, una doctrina que cuestionó pero que impregnó su cosmovisión, transmutando la creencia en la inmortalidad del alma en una búsqueda romántica de lo trascendente y absoluto. La profundidad, misterio y especial sensibilidad de su obra la han encumbrado como una de las más grandes poetas en lengua inglesa de todos los tiempos. Al cumplir veinte años decidió alejarse del mundo, manteniendo el contacto con un número reducido de amistades en intensas y exigentes relaciones epistolares a las que hoy recurren todos aquellos que desean ahondar en la singular personalidad de Dickinson. Sin salir de su casa de Amherst, escribió casi dos mil poemas, muy pocos de los cuales compartió con familiares y amigos, y tan solo una decena de ellos fueron publicados en revistas y periódicos de la época. Fue tras la muerte de Dickinson cuando su hermana Lavinia descubrió todos los poemas guardados en la habitación donde había vivido los últimos años. Su amplísima obra literaria, ignorada en vida, empezó a publicarse cuatro años más tarde.

Silvina Ocampo (Buenos Aires, 1903-1993) fue autora de prestigiosos y premiados libros de poesía y de cuentos, como *Cornelia frente al espejo* o *Y así sucesivamente*. Editó con Jorge Luis Borges y Adolfo Bioy Casares —con quien se casó en 1940— la célebre *Antología de la literatura fantástica* (1940), entre otras obras, y escribió con Bioy Casares la novela *Los que aman, odian*.

Índice

Poemas Pág.

Poemas Pág.

Poemas Pág.

Poemas Pág.

Poemas Pág.

Poemas Pág.

Poemas Pág.

Poemas Pág.

Poemas Pág.

Poemas Pág.

Poemas Pág.

Poemas Pág.

Poemas
de Emily Dickinson

5 *

Tengo un pájaro en primavera
para mí sola canta —
la primavera seduce.
Y cuando el verano se acerca —
y cuando la rosa aparece,
el pájaro se va.

Y asimismo no me quejo
sabiendo que ese pájaro mío
a pesar de haberse ido —
estudia más allá del mar
melodías nuevas para mí
y volverá.

Raudas en mano más segura
contenidas en tierras más naturales
son mías —
y aunque ahora partan,
digo a mi desconfiado corazón
son tuyas.

* La numeración de los poemas corresponde a la edición de la obra completa establecida por Thomas H. Johnson. *(N. del E.)*

En un sereno brillo,
en una más dorada luz
veo
cada ínfima duda y temor,
cada pequeña discordia acá
terminada.

Entonces no me lamentaré,
sabiendo que este pájaro mío
aunque haya volado
en un distante árbol
deslumbrante melodía para mí
volverá.

c. 1858 *

7

Los pies de la gente volviendo a sus casas
más alegres caminan con sandalias —
el azafrán — hasta que brote —
vasallo de la nieve —
los labios en aleluya
largos años de práctica llevan hasta que
de tanto en tanto estos barqueros
cantando caminan por la orilla.

Perlas son los peniques del buceador
arrebatadas al mar —
piñones — el vagón del Serafín
pedestre alguna vez — como nosotros —

* Estas fechas al final de los poemas corresponden al año de su concepción. *(N. del E.)*

la noche es el cáñamo de la mañana
el latrocinio — herencia —
la muerte, sólo la arrobada atención
a la inmortalidad.

Mis imágenes no me revelan
la distancia en que está el pueblo —
cuyos campesinos son ángeles —
cuyos cantones salpican los cielos —
mis clásicos velan sus faces —
mi fe que la oscuridad adora —
de cuya solemne abadía
semejante resurrección surge.

c. 1858

8

Hay una palabra
que lleva una espada
puede atravesar a un hombre armado —
arroja sus barbadas sílabas
y enmudece de nuevo —
pero donde cayó
los que se salvan dirán
en un patriótico día
que algún hermano con charreteras
entregó su alma.

Dondequiera que corra el palpitante sol —
dondequiera que vague el día —

ahí está su silencioso ataque —
¡ahí está su victoria!
¡Contempla al más empedernido tirador!
¡El más certero tiro!
¡El más sublime blanco del tiempo
es un alma “olvidada”!

c. 1858

11

Nunca dije al oro enterrado
que en la colina — yace —
vi al sol — su despojo dado
agacharse para cuidar su premio.

Quedaba tan cerca
como quedaste aquí —
a un paso de distancia —
pero si una víbora dividiera la maleza
mi vida sería un castigo.

Ese fue un espléndido botín —
honestamente ganado lo espero.
¡Esos eran los más preciosos lingotes
que jamás besaron la pala!

¡Si fuera para guardar el secreto —
si fuera para revelarlo —
si fuera como pienso
Kidd de improviso se embarcaría —

si pudiera aconsejarme un astuto
podríamos aún dividirnos —
si pudiera un astuto traicionarme —
Atropos decide!

c. 1858

18

La genciana teje sus flecos —
la sombra del arce es roja —
mis desvanecientes florecimientos
descartan la ostentación.
Una breve, pero paciente dolencia —
una hora para prepararnos,
y otra abajo esta mañana
es donde están los ángeles —
fue una corta procesión,
el Bobolink estaba —
una abeja anciana nos habló —
luego nos arrodillamos rezando —
creíamos que ella estaría de acuerdo —
preguntamos si lo estaba.
¡verano — hermana — serafín
iremos contigo!

En el nombre de la abeja —
y de la mariposa —
y de la brisa — ¡amén!

c. 1858

21

Perdemos — porque ganamos —
¡Tahúres — preguntándose cuál ganará
agitan sus dados de nuevo!

c. 1858

23

Yo tenía una guinea de oro —
la perdí en la arena —
y aunque la suma era escasa
y libras había en el sitio —
aún tenían mucho valor
para mis frugales ojos —
al no poder encontrarla —
me senté a suspirar.

Yo tenía un rosado tordo —
que cantaba y cantaba todo el día
pero cuando se pintaron las maderas,
él, también, se fue volando —
el tiempo me trajo otros tordos —
sus baladas eran las mismas —
todavía para mi ausente trovador
mantuve mi casa abierta.

Yo tenía una estrella en el cielo —
Pléyade era su nombre —

cuando yo no estaba atenta,
partió de igual modo.
Y aunque los cielos estén poblados —
y todas las noches brillen —
a mí no me importa —
ya que ninguna es mía.

Mi historia tiene una enseñanza —
tengo un amigo ausente —
Pléyade es su nombre, y tordo,
y una guinea en la arena.
Cuando esta triste cantilena
acompañada de lágrimas —
encuentre el ojo traidor
en un país lejano —
otorga que un remordimiento solemne
se apodere de su mente —
y que ningún consuelo
encuentre bajo el sol.

c. 1858

26

Es todo lo que tengo hoy para traer —
esto y mi corazón además —
esto y mi corazón y todos los campos —
y todas las praderas anchas —
cuente bien — no sea que alguien
pueda revisar la cuenta —

esto y mi corazón y todas las abejas
que en el trébol moran.

c. 1858

32

Cuando las rosas cesen de florecer, Señor,
y las violetas concluyan —
cuando el abejorro en solemne vuelo
haya pasado más allá del sol —
la mano que se detuvo a recoger
en este día de verano
yacerá indolente — en Auburn —
entonces toma las flores — ¡por favor!

c. 1858

33

Si rememorar fuera olvidar,
entonces no recordaría.
Y si olvidar fuera rememorar,
qué cerca de olvidar estaría.
Y si echar de menos, fuera divertido
y llorar, alegría,
¡cuán dichosos serían los dedos
que juntaron esto hoy!

c. 1858

34

Guirnaldas para reinas, puede haber —
laureles — para raros grados
de alma o de espada.
¡Ah — pero rememorándome —
ah — pero rememorándote —
naturaleza en hidalguía —
naturaleza en caridad —
naturaleza en equidad —
la rosa ordenó!

c. 1858

38

¡Para tal y tal oferta
al señor fulano de tal,
la trama de la vida tejida —
así lo muestra el álbum de los mártires!

c. 1877

46

Mantengo mi promesa.
No me llamaron —
la muerte no me tomó en cuenta.
Traigo mi rosa.
Me comprometo de nuevo,
por todas las santas abejas —

por las margaritas de la montaña —
por el Bobolink de la pradera.
Florecimiento y yo —
su promesa y la mía —
volverán seguramente otra vez.

c. 1858

49

Nunca perdí tanto salvo dos veces,
y era en la turba.
¡Dos veces fui un mendigo
frente a la puerta de Dios!

Angeles — descendiendo dos veces
reembolsaron mis provisiones —
¡ladrón! banquero — ¡padre!
¡Soy pobre de nuevo!

c. 1858

50

No se lo dije al jardín todavía —
no sea que me conquiste.
No tengo suficiente fuerza ahora
para decírselo a la abeja —

no lo mencionaré en las calles
porque las tiendas me mirarían —

que alguien tan tímido — tan ignorante
tenga el descaro de morir.

Las laderas de las montañas no deben saberlo —
donde yo tanto he jugado —
ni decirlo a los cariñosos bosques
el día que me vaya —

ni susurrarlo en la mesa —
ni desprevenidamente en el camino
sugerir que dentro de un acertijo
alguien se encaminará hoy —

c. 1858

54

¡Si yo tuviera que morir,
y tuvieras que vivir —
y el tiempo siguiera fluyendo —
y la mañana brillara —
y el mediodía quemara —
como lo hace habitualmente —
y los pájaros construyeran sus nidos muy temprano —
y las abejas zumbando pasaran —
uno podría partir por opción
de una empresa de aquí abajo!
¡Es dulce saber que los de mercaderías quedan
cuando nosotros con margaritas yacemos —
que el comercio continúa —
y las ventas raudas vuelan —

esto vuelve la despedida tranquila
y conserva el alma serena —
que señores tan vivos
atiendan la agradable escena!

c. 1858

59

Un poco al Este del Jordán
recuerdan los evangelistas,
un gimnasta y un ángel
larga y duramente pelearon —

hasta que el alba rozaba las montañas —
y Jacob, se fortalecía,
el ángel pidió permiso
para desayunarse — y volver —

¡De ningún modo, contestó astuto Jacob!
¡No te dejaré ir
excepto si me bendices — forastero!
por lo cual accedió —

Leves se mecían los plateados vellones
más allá de las montañas del Peniel,
¡y el perplejo gimnasta
descubrió que había vencido a Dios!

c. 1858

62

¡"Sembrado en deshonor"!
¡Ah! ¡Ciertamente!
¿Puede esto ser deshonor?
¡Si yo misma fuera menos buena
no lo mencionaría a nadie!

¡"Sembrado en corrupción"!
¡No es tan claro!
¡Oblicuo es el Apóstol!
¡Corintios I. 15 narra
uno o dos hechos!

c. 1859

67

El éxito es más dulce
para los que nunca triunfan.
Apreciar un néctar requiere
una cruel necesidad.

¡Ni una de las purpúreas huestes
que llevaron la bandera hoy
puede dar una definición
tan clara de la victoria
como el vencido — moribundo —
en cuyo vedado oído

el distante clamor del triunfo
estalla agonizante y claro!

c. 1859

70

Arcturus es su otro nombre —
yo lo llamaría Estrella.
¡La Ciencia es muy mezquina
de intervenir en esto!

Yo degollé un gusano el otro día —
un sabio al pasar
murmuró ¡Resurgam — Centipede!
¡Oh Señor — qué frágiles somos!

Arranqué una flor del bosque —
un monstruo con un espejo
computa los estambres en un instante —
¡y la tiene clasificada!

Mientras tomé una mariposa
que estaba en mi sombrero —
está sentado, erguido, en la vitrina —
las campánulas del trébol olvidadas.

Lo que una vez llamaron cielo
es cenit ahora — donde me propuse ir
cuando la breve comparsa del tiempo acabe
también eso está registrado y situado en mapas.

¡Qué pasaría si los polos se movieran
y se pararan sobre sus cabezas!
Espero estar preparada para lo peor —
¡Cualquier travesura que nos espere!

Tal vez el Reino de los Cielos está cambiado —
espero que los niños allí
no estén a la moda cuando yo llegue —
y se rían de mí — y me miren descaradamente —

espero que el Padre de los Cielos
alce a su hijita —
pasada de moda — mal educada — y cualquier
[cosa —
sobre la tapia de perlas.

c. 1859

78

Un pobre — desgarrado corazón — un harapiento
[corazón —
que fue dejado para descansar —
ni advirtió que el esfumante día
fluía plateado hacia el oeste —
ni advirtió que la noche suavemente descendía —
ni las constelaciones que ardían —
atentas sobre la visión
de latitudes desconocidas.

Los ángeles — apareciendo de este modo
este oscuro corazón espiaron —
tiernamente lo sacaron de su labor
y lo llevaron a Dios —
ahí — sandalias para los pies desnudos —
ahí — resguardados de los vientos —
los azules puertos con destreza
conducen las vagabundas velas.

c. 1859

79

¡Yendo al Cielo!
No sé cuándo —
¡por favor no me pregunten cómo!
Realmente estoy tan asombrada
¡Ni sé cómo contestar!
¡Yendo al Cielo!
¡Qué vago suena!
¡Y sin embargo se hará
como los rebaños vuelven a sus casas de noche
en los brazos del pastor!

¡Tal vez ustedes irán también!
¿Quién sabe?
Si llegan antes
reserven algún pequeño espacio para mí
junto a los dos que perdí —
el más pequeño manto me servirá

y sólo un pedacito de corona —
pues saben que no nos importa la vestidura
cuando volvemos a casa —

¡Estoy contenta de no creerlo
pues se detendría mi respiración —
y quisiera contemplar un poco más
esta extraña tierra!
Estoy contenta de que ellos lo creyeran
ellos que nunca volví a ver
desde aquella impresionante tarde de otoño
en que los dejé en la tierra.

c. 1859

80

¡Nuestras vidas son suizas —
tan tranquilas — tan frescas —
hasta que una extraña tarde
los Alpes descuidan sus cortinas
y vemos más lejos!
¡Italia está del otro lado!
¡Mientras como un guardia entre ellos —
los solemnes Alpes —
los Alpes sirenas
para siempre se interponen!

c. 1859

84

Su pecho es propicio para perlas,
pero yo no soy un buceador —
su frente es propicia para tronos
pero no tengo penacho.
Su corazón es propicio para un hogar —
yo — un gorrión — edifico ahí
dulces entrelazadas ramas
mi perenne nido.

c. 1859

89

Algunas cosas hay que vuelan —
pájaros — horas — abejorro —
de éstos no hay elegía.

Algunas cosas hay que quedan, que están ahí —
pena — montañas — eternidad —
ni éstos me preocuparon.

Algunas hay que descansando, se elevan.
¿Puedo yo interpretar los cielos?
¡Qué inmóvil el acertijo yace!

c. 1859

101

¿Habrá realmente un mañana?
¿Habrá una cosa semejante al día?
¿Podría verlo desde las montañas
si yo fuese tan alta como ellas?

¿Tiene pies como las Ninfeas?
¿Tiene plumas como un pájaro?
¿Lo traen de países célebres
de los que nunca oí hablar?

¡Erudito! ¡Marinero!
¡Hombre sabio del cielo!
¡Por favor vengan a decir a un pequeño peregrino
en dónde está el lugar llamado mañana!

c. 1859

108

¡Los cirujanos tienen que ser muy prudentes
al tomar el cuchillo!
Debajo de sus finas incisiones
palpita el culpable — ¡la vida!

c. 1859

116

Tenía algunas cosas que llamaba mías —
y Dios, que las llamaba de El,
hasta que ahora un rival reclamo
turbó estas amistades.

La propiedad, mi jardín,
habiéndolo sembrado con cuidado,
El reclama la hermosa parcela
y manda allá al alguacil.

El rango de las partes
prohíbe publicidad,
pero la justicia es más sublime
que las armas o el linaje.

Iniciaré una demanda —
reivindicaré la ley —
¡Jehová! ¡Escoge tu consejo
yo me quedo con el matorral!

c. 1859

117

En andrajos misteriosos como éstos
los deslumbrantes cortesanos van —
ocultando la púrpura y las plumas —
ocultando también el armiño.

Sonriendo van, al requerir limosna —
en algunas imponentes puertas
¡sonriendo al vernos caminar descalzos
sobre su piso dorado!

c. 1859

119

¡Habla con prudencia al mendigo
de Potosí, y de minas!
¡reverentemente, al hambriento
de tus viandas, y tus vinos!

¡Cautela, no insinúes al cautivo
que has otorgado franquicias!
¡anécdotas de aire en calabozos
han demostrado ser mortalmente dulces!

c. 1859

120

Si esto es desvanecerse
¡ah déjenme inmediatamente desvanecer!
Si esto es morir
¡entiérrenme, en un velo colorado!
Si esto es dormir,
en semejante noche
¡qué orgullosa estoy de cerrar los ojos!

Buenas noches, queridos compañeros
Pavo real ¡pretende morir!

c. 1859

122

Algo en un día de verano
que lentas antorchas consumen
me solemniza.

Algo en un día de verano —
una profundidad — un azul — un perfume —
trasciende éxtasis.

Y además en una noche de verano
algo tan arrebatadoramente brillante
aplauden mis manos para ver —

vela pues mi escudriñante cara
no sea que tan sutil — trémula gracia
palpite demasiado lejos para mí —
los dedos hechiceros nunca descansan —
el purpúreo arroyo dentro del pecho
aún roza su angosto lecho —
todavía el este enarbola su ambarina bandera —
guía todavía el sol a lo largo del peñasco
su caravana roja —

así contemplando — la noche — la mañana
concluye el alegre prodigio —

¡y yo encuentro, vagando por los rocíos
otro día de verano!

c. 1859

125 a *

Para cada estático instante
tenemos que pagar con angustia
en aguda estremecida cuota
por el éxtasis.

Por cada bienamada hora
penetrantes óbolos de años —
amargos debatidos centavos —
y cofres llenos de lágrimas.

c. 1859

125 b

Por cada instante de éxtasis
tenemos que pagar en angustia
la aguda y trémula proporción
de éxtasis.

Por cada adorada hora
constante porción de años —
amarga disputa de centavos —
y cofres llenos de lágrimas.

c. 1859

* Los poemas indicados a y b corresponden a la primera y segunda versión del mismo poema. *(N. del E.)*

128

¡Dame el ocaso en una copa,
enumérame los frascos de la mañana
y dime cuánto hay de rocío,
dime cuán lejos la mañana salta —
dime a qué hora duerme el tejedor
que tejió el espacio azul!

¡Escríbeme cuántas notas habrá
en el nuevo éxtasis del tordo
entre asombradas ramas —
cuántos caminos recorre la tortuga—
cuántas copas la abeja comparte,
disoluta del rocío!

¿También, quién puso la base del arco iris,
también, quién guía las esferas dóciles
por juncos de azul flexible?
¿Qué dedos atan las estalactitas —
quién cuenta la plata de la noche
para saber si nadie está èn deuda?

¿Quién edificó esta casita albana
y cerró herméticamente las ventanas
que mi espíritu no puede ver?
¿Quién me dejará salir un día de gala
con implementos de vuelo,
fugaz pomposidad?

c. 1859

133

Como los niños dicen al huésped buenas noches
y luego desganados se van —
mis flores alzan sus bonitos labios —
se ponen los camisones.

Como los niños brincan al despertar
alegres porque es la mañana —
mis flores desde mil camitas
atisbarán, y saltarán de nuevo.

c. 1859

135

El agua se conoce por la sed.
La tierra — por los océanos atravesados,
arrobamiento — por la angustia —
paz — por sus batallas —
amor, por el molde conmemorador —
pájaros, por la nieve.

c. 1859

140

¡Un aire alterado en las colinas —
una tiriana luz que baña el pueblo —
un más extenso amanecer en la mañana —
un más hondo crepúsculo sobre el césped —
una huella bermeja de un pie —

una purpúrea figura en la loma —
una petulante mosca sobre el vidrio —
una araña en su labor de nuevo —
otra vez el pavoneo del gallo —
una flor esperada en todas partes —
un sonido de hacha cantando en los bosques —
olores a heno en caminos infrecuentados —
todo esto y más no puedo decir —
una furtiva mirada que también conoces —
y el misterio de San Nicodemus
recibe la anual respuesta!

c. 1859

162

Mi río corre hacia ti —
¡mar azul! ¿darás la bienvenida?
Mi río espera respuesta —
mar — sé benigno —
te traeré arroyos
de rincones apartados
dime — mar — ¡me llevas!

c. 1860

165

¡Un ciervo herido — salta más alto —
oí decir a un cazador —

pero es sólo por éxtasis de la muerte —
y la tensión luego se aquieta!

¡El agua surge de la roca golpeada!
¡El pisoteado acero rebota!
¡Una mejilla es siempre más colorada
donde la fiebre punza!

¡Gozo es la cota de malla de la angustia —
que lleva el arma cauta,
no sea que alguien descubra la sangre
y exclame "está herido"!

c. 1860

167

¡Conocer el rapto por el dolor —
como los hombres ciegos conocen el sol!
¡morir de sed — sospechando
qué arroyos corren en las praderas!

¡Posar el nostálgico — nostálgico pie
en una extranjera costa —
obcecado por nativas tierras —
y aire azul — bien amado!

¡Esta es la soberana angustia!
¡Este — el señalado dolor!
Estos son los pacientes laureados
cuyas voces — adiestradas — vociferan —

¡se elevan en incesantes cantos —
inaudibles, realmente,
para nosotros — los más oscuros escolares
del misterioso bardo!

c. 1860

172

¡Es tanta la alegría! ¡Es tanta la alegría!
Si tuviera que desfallecer, ¡qué pobreza!
¡Y asimismo, tan pobres como yo,
se han arriesgado todos en una aventura!
¡Y ganaron! ¡Sí! ¡Vacilaron también —
de este lado la victoria!

¡Vida es sólo vida! ¡Y muerte, sólo muerte!
¡Arrobamiento es, sólo arrobamiento, aliento sólo
[aliento!
Y si realmente desfallezco,
¡por lo menos, conocer lo peor es dulce!
Derrota quiere decir sólo derrota,
¡nada peor puede suceder!

¡Y si gano! ¡Oh cañón de alta mar!
¡Oh campanas, que en los capiteles están!
¡Que se repitan primero lentamente!
Pues el cielo es algo diferente,

conjeturado, y despierto de pronto en mí —
¡y podría extinguirme a mí!

c. 1860

183

He oído hablar a un órgano, a veces
en la nave de una catedral,
y no le entendí ni una palabra —
retuve mi respiración, en aquel momento —

me puse de pie — y me fui,
una muchacha más Bernardina —
aún — no sabe lo que me hicieron a mí
en la nave de aquella vieja capilla.

c. 1860

187

Cuántas veces estos humildes pies han podido tro-
[pezar —
sólo la amordazada boca puede decirlo —
ensaya — de mover este horrible remache —
ensaya — si puedes ¡levanta las aldabas de acero!

acaricia la fría frente — tantas veces ardiente —
levanta — si lo quieres — el desganado pelo —
palpa los adamantinos dedos
nunca un dedal — ya — usarán —

zumba la tediosa mosca — en la ventana del cuarto —
valiente — brilla el sol a través del moteado vidrio —
atrevidas — se mecen las telarañas del cielo raso
¡ama de casa indolente — entre margaritas — yace!

c. 1860

188

Píntame un cuadro del sol —
para colgar en mi cuarto —
y hacerme creer que siento calor
cuando otros lo llaman "¡qué día"!

Dibújame un tordo — en una rama —
para que lo oiga, soñaré,
y cuando los huertos cesen su canción —
retira la simulación — mía —

¿Dime si realmente — hace calor a mediodía —
si es el botón de oro — que se desliza —
o las mariposas — que florecen?
Sacude — entonces — la escarcha — del prado —
y arranca el paño bermejo — del árbol —
y deja que jueguemos — eso que nunca sucedió.

c. 1860

189

Es algo tan pequeño llorar —
algo tan nimio suspirar —
y aun así — por arte — del tamaño de éstos
nosotros hombres y mujeres morimos.

c 1680

190

El era débil, y yo era fuerte — después —
él dejó que yo lo hiciera pasar —
yo era débil, y él era fuerte entonces —
yo lo dejé que me guiara a mí — a casa.

No era lejos — la puerta estaba cerca —
no estaba oscuro — él avanzaba — también —
no había ruido, él no dijo nada —
eso era lo que yo más deseaba saber.
El día irrumpió — tuvimos que separarnos —
ninguno — era más fuerte — ahora —
él luchó — yo luché — también —
¡No lo hicimos — a pesar de todo!

c. 1860

191

¡Los cielos no pueden guardar secretos!
¡Lo dicen a las montañas —

las montañas lo dicen al vergel —
y el vergel — a los narcisos!

Un pájaro — por azar — cruza este camino —
oye suavemente todo —
si yo sobornara al pajarito —
¿quién sabe si lo diría?

Pienso que yo no — sin embargo —
es mejor — no saber —
¿si el verano fuera un axioma —
qué brujería tendría la nieve?

¡Pues conserva tu secreto — Padre!
¡Yo no lo haría — si yo pudiera,
saber lo que los zafirinos muchachos, hacen,
en tu nuevo mundo!

c. 1860

194

En esta larga tormenta el arco iris apareció —
en esta morosa mañana — el sol —
las nubes — como desganados elefantes —
los horizontes — se dispersaban hacia abajo —

los pájaros despertaron sonrientes, en sus nidos —
la ventisca — pasó —
¡Ah, qué desatentos los ojos —
sobre los que el verano brillaba!

La quieta indolencia de la muerte —
ningún amanecer — puede incitar —
¡las lentas — sílabas del arcángel
tienen que despertarla!

c. 1860

196

No lloramos — Tim y yo,
somos demasiado importantes —
pero cerramos la puerta con llave
para impedir visitas —

luego escondemos nuestras valientes caras
hondamente en nuestras manos —
para no llorar — Tim y yo —
somos demasiado importantes —

ni a soñar — él y yo —
condescendemos —
sólo cerramos nuestros ojos castaños
para ver el fin —

Tim — miras las casas —
pero, oh, ¡tan altas!
Luego — temblamos — Tim y yo —
no sea que me ponga a llorar —

Tim — lee un pequeño himno —
y los dos rezamos —

¡por favor, Señor, yo y Tim —
siempre nos perdimos!

Tenemos que morir — en cualquier momento —
los clérigos dicen —
Tim — lo hará — si yo — lo hago —
yo — también — si él —

¿cómo lo arreglaremos —
Tim — era — tan — tímido?
¡Simultáneos llévanos — Señor —
yo — "Tim" — y — yo!

c. 1860

209

¡Contigo, en el desierto —
contigo, en la sed —
contigo en el bosque de tamarindos —
leopardo respira — por fin!

c. 1860

214

Pruebo un licor jamás elaborado —
en vasijas de perlas ahuecadas —
¡todas las cubas juntas del Rin
no producen semejante alcohol!

Ebria de aire — estoy —
pervertida de rocío —
rodando — por interminables días de verano —
en posadas de incandescente azul —

cuando los taberneros echen la abeja borracha
de las puertas de la digital —
cuando las mariposas — abandonen su licor —
¡no haré sino beber más!

hasta que los serafines agiten sus sombreros de
[nieve —
y los santos — corran a las ventanas —
para ver al pequeño bebedor
reclinado contra — el sol —

c. 1860

216

Protegidos en sus moradas de alabastro —
no visitados por la mañana
no visitados por la noche —
yacen los apacibles miembros de la resurrección —
paredes de raso,
techos de piedra.

Leve ríe la brisa
arriba en su castillo
zumba la abeja en un estólido oído,
gorjean suaves pájaros en ignorante cadencia —

¡Ah, qué sagacidad pereció aquí!
Espléndidos pasan los años — el creciente — allá
[arriba —
mundos vacían sus arcas —
firmamentos — bogan —
diademas caen — jefes — se rinden —
mudos como puntos — en un disco de nieve —
1859-1861

223

Vine a comprar una sonrisa — hoy —
una sola sonrisa —
la más pequeña de tu cara
me agradará lo mismo —
la que nadie echaría de menos
brillaba tan diminuta —
estoy rogando en el mostrador — señor —
puede usted comprar —
tengo diamantes — en mis dedos —
¿Sabe usted qué son los diamantes?
¡Tengo rubíes — como la sangre del ocaso —
y un topacio — como una estrella!
¡Podría ser "buen negocio" para un judío!
Diga — ¿puedo hacerlo — señor?
c. 1861

228

Ardiendo en oro y apagado en púrpura
saltando como un leopardo al cielo
luego a los pies del viejo horizonte
prosternando su cabeza manchada para morir
bajando hasta la ventana de la cocina
tocando el techo y tiñendo el granero
besando el bonete de la pradera
y el juglar del día se fue

c. 1861

239

¡El cielo — es lo que no puedo alcanzar!
La manzana en el árbol —
conseguida sin esperanza — cuelga —
¡eso es el "cielo" — para mí!

¡El color, en la circulante nube —
la interdicta tierra —
detrás de la montaña — la casa oculta —
ahí — se encuentra — el Paraíso!

¡Los importunos purpúreos — atardeceres —
crédulo — señuelo —
enamorado — del prestidigitador —
que nos desdeñó — ayer!

c. 1861

245

Con una joya entre mis dedos —
me dormí —
hacía calor, y el viento era descortés —
me dije quedará —

desperté — reprendí a mis honestos dedos,
la joya no estaba —
y ahora, una memoria de amatista
es todo lo que tengo —

c. 1861

246

¡Para siempre a su lado caminar —
lo más pequeño de nosotros dos!
cerebro de su cerebro —
y sangre de su sangre —
dos vidas — un ser — ahora —

para siempre probar ese destino —
si es dolor — la mayor parte —
si es dicha — entregar mi parte
por ese bienamado corazón —

toda vida — para conocernos el uno al otro —
a quien nunca podemos conocer —
y de tanto en tanto — un cambio —
llamado cielo —

raptos confraternizados de hombres —
¡sólo para descubrir — lo que nos perturbaba —
sin el léxico!

c. 1861

247

¿Qué daría por ver su cara?
Daría mi vida —naturalmente—
¡pero eso no es bastante!
¡Espera un minuto — déjame pensar!
¡Daría el más gran Bobolink!
¡Con esto son dos — él — y la vida!
Sabes quién es junio —
le daría —
rosas un día de Zanzíbar —
y bulbos de lilas — como pozos —
abejas — por millas —
desfiladeros azules
ejércitos de mariposas — atravesándolas —
abigarradas prímulas en hondonadas —

Tengo porciones de prímulas en canteros —
narcisos en herencia — reservas de especias —
posesiones — amplias como el rocío —
bolsas de doblones — intrépidas abejas
traídas — de un mar de firmamentos —
y púrpura — del Perú —

¿Ahora — lo he comprado —

"Shylock"? ¡Responde!
¡Sella el contrato!
¿"Me comprometí a pagar
a ella — que lo requiere —
una hora — de su soberana faz"?
¡Extático contrato!
¡Avarienta gracia!
¡Mi reino merece la dicha!

c. 1861

248

¿Por qué no me dejan entrar al cielo?
¿canté — demasiado fuerte?
¡pero — puedo tentar un tono "menor"
tímido como un pájaro!

Los ángeles no me dejarían probar —
sólo — una vez — más —
sólo — para ver — si los molesté —
¡pero no — cierren la puerta!

Ah, si yo — fuera el caballero
del "hábito blanco" —
y ellos — la pequeña mano — que llamó —
¿lo — prohibiría — yo

c. 1861

249

¡Tempestuosas noches — tempestuosas noches!
¡Si estuviera contigo
las tempestuosas noches serían
nuestro lujo!

Fútiles — los vientos —
para un corazón en un puerto —
dado con la brújula —
dado con el mapa —

remando en el edén —
¡Ah! ¡el Mar!
¡Ah! ¡si pudiera morar — esta noche —
en ti!

c. 1861

250

¡Seguiré cantando!
Los pájaros me sobrepasarán
en su camino en climas amarillos —
ellos — expectantes como tordos —
yo — con mi pechito colorado —
y mis rimas —

más tarde — cuando tomo en el verano mi lugar —
traeré una canción más completa —

los luceros — son más dulces que los maitines —
[signor —
la mañana — sólo es la semilla del mediodía —

c. 1861

251

Por encima del cerco —
crecen — frutillas —
por encima del cerco —
podría saltar — si probara, lo sé —
¡las fresas son ricas!

¡Pero — si mancho mi delantal —
Dios seguramente me reprendería!
¡oh, mi Dios, — supongo que si El fuera niño —
treparía el cerco — si pudiera!

c. 1861

254

"Esperanza" es algo con plumas —
que se posa en el alma —
y canta una melodía sin palabras —
y nunca se detiene — totalmente —

más dulce — en el vendaval — se oye —
y herida tiene que estar la tormenta —
que pudo abatir al pajarito

que reservó tanto calor —

la oí en la tierra más helada —
y en el más extraño mar —
y nunca, ni en casos extremos,
me pidió una migaja — a mí.

c. 1861

255

Morir — lleva sólo un corto tiempo —
dicen que no duele —
es sólo un desmayo — por etapas —
y luego — queda fuera de la vista —

una cinta más oscura — por un día —
un crespón en el sombrero —
luego un lindo sol llega —
y nos ayuda a olvidar —

la ausente — criatura — mística —
que sólo por amor a nosotros —
se fue a dormir — esa profunda vez —
sin la fatiga —

c. 1861

256

Si estoy perdida — ahora —
que me encontraron —
será aún mi arrobamiento —
que una vez — en mí — esas puertas de jaspe
ardiendo se abrieron — de golpe —

que en mi torpe — contemplativa — cara —
los ángeles — suavemente se asomaron —
y me tocaron con sus plumas,
como si casi les importara —
estoy desterrada — ahora — lo sabes —
qué destierro podrá ser éste —
lo sabrás — Señor — cuando la faz del Salvador
se vuelva también así — lejos de ti —

c. 1861

258

Hay un cierto sesgo de luz,
en las tardes de invierno —
que oprime, como
la profundidad de las catedrales —

celestial herida, nos da —
no podemos encontrar la cicatriz,
sino la diferencia interna,
donde está el significado —

nadie puede describirlo — nadie —
es el sello desesperando —
una imperial aflicción
enviada del aire —

cuando llega, el paisaje escucha —
sombras — contienen su hálito —
cuando parte, es como la distancia
en la mirada de la muerte —

c. 1861

259

¡Buenas noches! ¿Quién apagó la vela?
Un celoso céfiro — sin duda —
amigo, apenas sabías
cuánto tiempo en ese celestial pabilo
los ángeles — trabajaron diligentes —
¡y ahora — extinguida está — para ti!

¡Pudo — ser el destello del faro —
algún marinero — remando en la oscuridad —
que importunó para ver!
¡Pudo — ser la desfalleciente lámpara
que el toque de Diana encendió
en el campo para despertar!

c. 1861

261

¡Dadme mi laúd! —
¡qué será de la música mía!
¡desde que el único oído que yo deseaba seducir —
pasivo — como granito —
absorbe mi música —
solloza — podrá servir — tan bien como los salmos!

Quisiera que Memnon del Desierto —
me enseñara el arte
que lo conquistó a El —
cuando El — se entregó al sol naciente —
¡tal vez — eso — los despertaría!

c. 1861

265

Barcos de púrpura — suavemente retozan —
en mares de narcisos —
fantásticos marineros — se entreveran —
¡y luego — el muelle queda tranquilo!

c. 1861

266

Esta — es la tierra — que lava el sol —
éstos — son los bancos del mar amarillo —

donde es rosa — o donde se precipita —
¡éstos — son los misterios del oeste!

Noche tras noche
su purpúreo tráfico
siembra la tierra de fardos de ópalo —
barcos mercantes — se mecen en horizontes —
¡se sumergen — y desaparecen como oropéndolas!

c. 1861

268

¡Yo cambio! ¡Yo altero!
¡Entonces yo lo haré, cuando en la perentoria mon-
[taña
un leve púrpura aparece —
en el poniente, o un menor destello
vacila sobre la cordillera —
en el superior final del día!

c. 1861

269

¡Amarra — un infortunio —
y la vida puede soportarlo!
¡Mide el fluir de la sangre!
Tantas — gotas — de vital escarlata —
lidian con el alma
lo mismo con el álgebra!

¡Dile a los años — a una cifra —
y te lastimará — satisfecha — sigue —
canta — a su pena — como cualquier obrero —
registrando la caída del exacto sol!

c. 1861

274 a

El único fantasma que logré ver
vestía encajes de Malinas —
no llevaba sandalias en sus pies —
caminaba sobre escamas de nieve —

su paso — era silencioso como el de un pájaro —
pero rápido — como el de una gacela —
su vestimenta, graciosa, de mosaico —
o de feliz muérdago —

su conversación — escasa —
su risa, como la brisa —
que muere en hoyuelos
entre pensativos árboles

nuestra entrevista — era transitoria
él era tímido conmigo —
¡y Dios me prohibió mirar hacia atrás —
desde aquel atormentado día!

c. 1861

274 b

El único fantasma que vi jamás
vestía de encaje —
no usaba sandalias en sus pies —
y avanzaba como copos de nieve —

su paso — mudo, de pájaro —
pero rápido — de corzo —
su estilo diverso, de mosaico —
o de feliz muérdago —

su conversación — infrecuente —
su risa, como la brisa —
que muere en hoyuelos
entre los árboles pensativos —

nuestra entrevista — era transitoria
él era tímido conmigo —
¡Dios no permita que yo vuelva —
a ese pasmoso día!

c. 1861

276

Muchas frases tiene el idioma inglés —
he oído una sola —
baja como la risa de los grillos,
fuerte, como la lengua del trueno —

murmurando, como el viejo Coro Caspio,
cuando la marea arrulla —
hablando con una nueva inflexión —
como un atajacaminos —

irrumpiendo en brillante ortografía
en mi simple sueño —
amenazando sus expectativas
hasta que me perturbo, y lloro —

no por la pena que siento —
sino por un impulso de alegría —
¡Dilo de nuevo, sajón!
¡en secreto — sólo a mí!

c. 1861

277

¡Qué importa si digo que no voy a esperar!
¡Qué importa si violento la puerta carnal —
y escapo — hacia ti!

¡Qué pasa si me arranco este mortal —
y veo donde lastima — bastaría
y avanzo en libertad!

¡No pueden alcanzarme — nunca más!
¡Calabozos pueden llamar — y armas implorar
sin sentido — ahora — para mí —

como la risa — de hace una hora —
o las puntillas — o un viajero espectáculo —
o quién murió — ayer!

c. 1861

278

Un sombrío amigo — para días tórridos —
es más fácil de hallar —
que uno de temperatura más elevada
para una frígida — hora de la mente —

la veleta un poco hacia el este —
espanta almas de muselina —
si los corazones de pura lana son más firmes —
que los de organdí —

¿de quién es la culpa? ¿del tejedor?
¡Ah, la perturbadora trama!
¡Las tapicerías del paraíso
tan inadvertidamente — hechas!

c. 1861

279

Ata las sogas de mi vida, mi Señor,
¡estoy lista a partir!
Sólo una mirada a los caballos —
¡rápido! ¡Eso basta!

Colócame en el lado más firme —
de modo que no caiga —
tenemos que cabalgar hacia el juicio —
suele ser, barranca abajo —

pero nunca yo temí la más empinada —
y nunca temí el mar —
aferrándome en perpetua carrera —
por mi propia elección, y Tú —

adiós a la vida que yo viví —
al mundo que yo antaño conocí —
besa por mí los collados, sólo una vez —
entonces — ¡estoy lista a partir!

c. 1861

280

Sentí un funeral en mi cerebro,
los deudos iban y venían
arrastrándose — arrastrándose — hasta que pareció
que el sentido se quebraba totalmente —

y cuando todos estuvieron sentados,
una liturgia, como un tambor —
comenzó a batir — a batir — hasta que pensé
que mi mente se volvía muda —

y luego los oí levantar el cajón
y crujió a través de mi alma

con los mismos botines de plomo, de nuevo,
el espacio — comenzó a repicar,

como si todos los cielos fueran campanas
y existir, sólo una oreja,
y yo, y el silencio, alguna extraña raza
naufragada, solitaria, aquí —

y luego un vacío en la razón, se quebró,
caí, y caí —
y di con un mundo, en cada zambullida,
y terminé sabiendo — entonces —

c. 1861

284

La gota, que pugna en el mar —
olvida su lugar —
como yo — frente a ti —

un pequeño incienso ella siente que es —
pero pequeño — ella suspira — si todo — es todo —
¿cuánto más grande — sería?

El océano — sonríe — a su pretensión —
pero ella, olvidando a Anfitrite —
ruega — "¿Yo?"

c. 1861

288

¡Soy nadie! ¿Quién eres?
¿Eres — nadie — también?
¡Somos entonces un par!
No lo digas son capaces de descubrirnos — lo sabes.

¡Qué horrible — ser — alguien!
Qué impudicia — como una rana —
decir vuestro nombre — todo el santo día —
a un admirativo pantano.

c. 1861

290

De bronce — y ardiente —
el norte — esta noche —
tan adecuado — se forma —
tan preconcertado con sí mismo —
tan distante — para alarmas —
una despreocupación tan soberana
al universo, o a mí —
infecta mi simple espíritu
con tintes de majestad —
hasta que tomo diversas actitudes —
y me pavoneo sobre mi linaje —
desdeñando hombres, oxígeno,
para arrogancia de ellos —

mis esplendores, son comparsas —
pero sus incompetentes espectáculos
podrán entretener centurias
cuando yo desde hace tiempo, soy
una isla de pasto deshonrado —
que nadie conoce salvo los escarabajos.

c. 1861

292

Si tus nervios te delatan —
vive por encima de tus nervios
ellos pueden apoyarse sobre la tumba,
si temen desviarse —

es una postura segura —
que no se dobla
sostenida por brazos de bronce —
que el mejor gigante hizo —

si tu alma vaciló —
levanta la puerta carnal —
el miedoso pide oxígeno —
nada más —.

c. 1861

293

Conseguí saber su nombre —
sin — ganancia enorme —
y esa sensación de suspenso — en mi alma —
y tormenta — en la habitación —

conseguí caminar a través
del ángulo del piso,
en que él se volvió, y yo me volví — con
todas nuestras fibras rotas —

conseguí remover la caja —
donde sus cartas crecían
sin ese esfuerzo, en mi respiración —
como de grampas — atravesándolas —

podía vagamente recordar una gracia —
creo que se llama Dios —
famoso por aliviar la adversidad —
cuando la fórmula ha fallado —

y moldear mis manos —
a modo de súplica,
aunque ignorando una palabra
que el rito — pronuncia —

mi relación, con la nube,
si algún poder hay detrás de ella,
no sujeto a la desesperanza —
importa, de algún remoto modo,

por tan mínima cuestión
como miseria —

c.1861

297

Es como la luz
un deleite pasado de moda —
es como la abeja —
una melodía — sin fecha —

es como los bosques —
privado — como la brisa —
callada — y aún estremece
los árboles más altivos —

es como la mañana —
mejor — cuando pasó —
¡Y los sempiternos relojes —
que repican — mediodía!

c. 1861

298

Sola, no puedo estar —
pues multitudes — me visitan —
incontables compañías —
entreveran las llaves —

no tienen vestiduras, ni nombres —
ni almanaques — ni climas —
pero cualquier casa
como fantasmas —

sus Llegadas, pueden saberse
por mensajeros internos —
sus partidas — no —
pues nunca se han ido —

c. 1861

299

Tu riqueza — me enseñó — pobreza.
Yo misma — una millonaria
en pequeños bienes, como las niñas podían alardear
hasta que enorme como Buenos Aires —

extendiste tus dominios —
un Perú diferente —
y yo estimé toda pobreza
por un gran estado contigo —

de minas, conozco poco — yo misma —
sólo nombres de piedras —
de colores los más comunes —
y muy poco de diademas —

tanto que, si encontrara a la reina —
su gloria conocería —

pero esto, sería riqueza diferente —
de perderla — mendigos lo hacen —

estoy segura que es la India — todo el día —
para los que te miran —
sin una mancha — sin un reproche,
si pudiera — ser sólo el judío —

estoy segura que es Golconda —
más allá de mi poder de entrever —
tener una sonrisa mía — cada día,
¡cuánto mejor, que una joya!

Por lo menos, consuela saber
que existe — el Oro —
aunque comprobé, justo a tiempo
su distancia — que avisté —

está lejano — lejano el tesoro para conjeturar —
y estimar la perla —
que se deslizó por entre mis simples dedos —
cuando sólo era una niña en el colegio.

c. 1862

300

"Mañana" — significa "ordeñar" — para el granjero
alba — para los tenerifeños —
dados — para la muchacha —

mañana significa riesgo — para el enamorado —
sólo revelación — para el amado —

epicuros — fechan un desayuno — por ella —
novias — un apocalipsis —
mundos — un diluvio —
extenuadas vidas — sus lapsos de suspiro —
fe — el experimento de Nuestro Señor —

c. 1862

301

Razono, el mundo es corto —
y la angustia — absoluta —
mucho duele,
pero ¿qué importa?

Razono, podríamos morir —
la mejor vitalidad
no puede exceder la decadencia,
pero ¿qué importa?

Razono, que en el cielo —
de algún modo será lo mismo —
alguna nueva ecuación dada —
pero ¿qué hay con eso?

c. 1862

303

El alma elige su íntima sociedad —
luego — cierra la puerta —
a su divina mayoría —
que ya no está presente —

imperturbable — advierte los carruajes — detenién-
[dose —
en su pequeño portón —
imperturbable — un emperador está arrodillado —
sobre su alfombra —

la conocí — por provenir de una gran nación —
elige una —
luego — cierra las válvulas de su atención —
como piedra —

c. 1862

305

La diferencia entre desesperación
y terror — es como aquélla
entre el instante de un naufragio —
y cuando el naufragio aconteció —

la mente extática suave — ninguna moción —
contenida como el ojo

sobre la frente de un busto —
que sabe — que no puede ver —

c. 1862

316

El viento no vino del huerto — hoy —
de más lejos que eso —
ni se detuvo a jugar con el heno —
ni a agitar un sombrero —
es un camarada transitorio —
créemelo —

si deja una brizna en la puerta
sabemos que ha trepado un abeto —
¿pero el abeto está donde — dime —
has estado tú alguna vez?

Si trae olor a trébol —
y esto es asunto de él — no nuestro —
entonces ha estado con las maquinarias — guada-
[ñadoras
estimulando las horas
para suavizar las pausas del heno —
a su manera — un día de junio —

si tira arena, y guijarros —
sombreros de niñitos — y rastrojos —
con un ocasional campanario —
y un ronco "quítate del camino, digo",

¿quién sería tan loco de quedarse?
Te quedarías — dime —
serías tan loco de quedarte?

c. 1862

318

Diré cómo el sol nació —
en cintas sucesivas —
las cúpulas nadaban en amatista —
la noticia, corría como ardillas —
las montañas desataron sus copetes —
los pájaros cantores — comenzaron —
me dije silenciosamente a mí misma —
¡eso habrá sido el sol!
Cómo se ocultó — no lo sé —
parecía un cerco de púrpura
que diminutos niñas y niños amarillos
trepaban continuamente —
hasta que llegaron al otro lado,
un clérigo gris —
levantó suavemente las barreras del alba
y condujo afuera la majada —

c. 1860

322

Y llegó un día de pleno verano,
todo para mí —

pensé que así sería para los santos,
cuando la resurrección — llegue —

el sol, siempre en todas partes,
las flores, habituales, se abrían,
como si ningún alma el solsticio
que vuelve todas las cosas nuevas — omitiera —

el tiempo apenas profanado, por discursos —
el símbolo de una palabra
era innecesario, como un sacramento,
el Sagrario — de Nuestro Señor —

uno era para el otro la sellada Iglesia,
permitida la comunión esta — vez —
siempre que no fuera demasiado torpe
en la cena del Cordero.

Las horas se deslizaron rápidas — como las horas
[quieren
retenidas fuertemente, por ávidas manos —
de igual modo las caras en dos cubiertas, se miran,
yendo a tierras opuestas —

cuando el tiempo se había deslizado,
sin sonidos externos
cada uno tomó el crucifijo del otro —
nos dimos otro vínculo —

suficiente fe, que nos elevaríamos de la tumba —
levantándonos — por fin, de la lápida —

para esa boda nueva,
vindicada — a través del calvario del amor —

c. 1861

323

¡Cómo si yo pidiera una limosna común,
y en mi suplicante mano
un extraño pusiera un reino
y yo, perpleja, quedara —
como si hubiera pedido al Oriente
que me mandara una mañana —
y que levantara su purpúrea barrera,
y destrozarme con el alba!

c. 1858

324

Algunos reverencian el *Sabat* yendo a la Iglesia —
yo lo reverencio, quedando en casa —
con un *Bobolink* por coro —
y un huerto, por cúpula —

algunos reverencian el *Sabat* con albas —
yo uso mis alas —
y en vez de repicar las campanas de la iglesia
nuestro pequeño sacristán — canta.

Un notable sacerdote predica a Dios —

y el sermón nunca es demasiado largo,
de modo que en vez de ir al cielo, por fin —
estoy yéndome a lo largo de la vida.

c. 1860

326

No puedo bailar en puntas de pie —
nadie me lo enseñó —
pero a menudo, en mi mente,
un júbilo me posee,

que si tuviera conocimiento de ballet —
lo demostraría
en piruetas para palidecer una compañía de ballet —
o enloquecer a una prima donna,

y aunque no tuviera túnica de gasa —
ni rulos en mi pelo,
ni saltara en audiencias — como los pájaros,
con una pata en el aire,

ni sacudiera mis formas en bailes de plumas,
ni avanzara en ruedas de nieve
hasta quedar fuera de la vista, en sonido,
la casa me retiene tanto —

nadie sabe que conozco el arte
que menciono — placentera — aquí —

ningún cartel es mi propaganda —
me aclaman como en la Opera —

c. 1862

327

Antes que se apague mi vista
también me gustaría ver —
como otros seres, que tienen ojos
y no conocen otro modo —

pero si me dijeran — hoy —
que podría tener el cielo
para mí — yo os digo que mi corazón
se partiría, por su dimensión —

las praderas — mías —
las montañas — mías —
todos los bosques — infinitas estrellas —
tanto mediodía como pudiera abarcar
entre mis limitados ojos —

los movimientos de los pájaros zambullidores —
el ambarino camino de la mañana —
para mí — mirarlos cuando yo quiera —
las noticias me matarían —

tan seguro — conjetura — sólo con mi alma
sobre el vidrio de la ventana —

cuando otros seres ponen sus ojos —
a resguardo del sol —

c. 1862

328

Un pájaro bajó en el camino —
no advirtió que lo vi —
partió un gusano por la mitad
y se comió al individuo, crudo.

Luego bebió un rocío
de un adecuado pasto —
después saltó al costado del muro
dando paso al escarabajo —

echó una rápida mirada
a su alrededor —
parecían bolitas asustadas —
agitó su aterciopelada cabeza

como alguien en peligro, cauteloso,
le ofreció una miguita
desplegó sus alas
y enfiló a su casa suavemente —

como los remos que dividen el océano,
demasiado plateados para un hilván

o mariposas que en la orilla del mediodía
se apresuran, sin mojarse al avanzar.

c. 1862

333

El pasto tiene poco que hacer —
una esfera de simple verde —
con sólo mariposas para cavilar —
y abejas para entretener —

y estremecerse todo el día con preciosas canciones
la brisa las busca —
y atesora el sol en su falda
y saluda a todas sus partes —

y enfila el rocío, toda la noche, como perlas —
y se hace tan fino
que una duquesa sería demasiado vulgar
con semejante proclamación —

y aún cuando muere — pasa
a olores tan divinos —
como humildes especies, depositadas en el sueño —
o nardos índicos — pereciendo —

y luego, en soberanos galpones moran —
y sueñan los días pasados,

el pasto tiene tan poco que hacer
yo desearía ser el heno —

c. 1862

334

Todas las cartas que puedo escribir
no son puras como ésta —
sílabas de terciopelo —
frases de felpa,
profundidades de rubí, invioladas,
oculto, labio, para ti —
escribirlas era un arrullo de pájaro —
que me sorbió sólo a mi —

c. 1862

335

No es morir lo que duele más —
es vivir — lo que más nos duele —
pero morir — es un modo distinto —
de esos detrás de la puerta —

la costumbre sureña — del pájaro —
que a la llegada de los fríos —
mejores latitudes acepta —
somos los pájaros — que se quedan.

Los trémulos junto a las puertas del granjero —

cuya reluctante migaja —
estipulamos — hasta que la piadosa nieve
persuade a nuestras plumas cobijarse.

c. 1862

338

Yo sé que El existe
en alguna parte — en silencio
ocultó su rara vida
a nuestros vulgares ojos.

Es juego de un instante
una tierna celada —
¡justo para que nuestra dicha
tenga su propia sorpresa!

Pero — si el juego hubiera
demostrado penetrante honradez
el júbilo — excesiva alegría
la rigidez — de muerte — asombro —

¡no sería la diversión
demasiado cara!
¡la broma no hubiera
ido demasiado lejos!

c. 1862

340

¿Es la dicha semejante abismo
que no debo exponer mi pie
por temor de estropear mi calzado?

Más bien cuidaría mi pie
que salvar mis botas —
pues aún comprar otro par —
es posible,
en cualquier negocio —

pero la dicha se vende una sola vez
si la patente se pierde
no se vuelve a comprar —
dime, pie, decídete —
¿la dama cruza o no?
¡Veredicto para la bota!

c. 1862

342

Llegará por fin el verano —
damas — con parasoles —
holgazanes con bastones —
niñitas — con muñecas —

pintarán el pálido paisaje —
como un ramo multicolor —

a pesar de avanzar profundamente, en paros —
el pueblo hoy — duerme —

las lilas — tantos años inclinadas —
se mecerán con purpúrea pesadez —
las abejas — no despreciarán el zumbido —
que sus antepasados — les transmitieron —

la rosa silvestre — sonrojada en el pantano —
el aster — en la colina
con su eterna vestimenta —
la genciana extravagante —

hasta que el verano extiende su milagro —
como las mujeres — preparan sus vestidos —
o sacerdotes — el símbolo —
cuando el sacramento — se cumple —

c. 1862

347

Cuando la noche se aleja
y la aurora se aproxima
y tocamos el espacio —
es la hora de peinarse —

de preparar la sonrisa —
inquirir por qué aterraba

la desvanecida noche —
que hace un instante — fue atroz —

c. 1862

348

He temido tanto a ese primer pechito-colorado,
pero ahora está amaestrado,
estoy tan habituada a verlo crecido,
me duele un poco, a pesar de todo —

pensé que si podía sólo vivir
hasta ese primer grito que dio —
ningún piano en el bosque
tendría el poder de lacerarme tanto —

no me atrevía a afrontar los junquillos —
de miedo que sus corolas amarillas
me horadaran con sus vestiduras
tan diferentes a las mías —

yo deseaba que el pasto se apresurara —
de modo — que al llegar el tiempo de ver —
que era demasiado alto, el más alto
se estiraría — para mirarme a mí —

no podía soportar que las abejas vinieran,
deseaba que se alejaran
a esos vagos países donde van
¿qué palabras tendrían, para mí?

Están aquí, asimismo; ninguna criatura faltó —
ni las flores quedaron ausentes
en suave deferencia hacia mí —
la Reina del Calvario —

cada una me saluda al irse,
y yo mis infantiles plumas,
levantadas en seguro entendimiento
de sus irreflexivos tamboriles —

c. 1862

351

Palpé mi vida con mis dos manos
para ver si estaba ahí —
sostuve mi espíritu en el vaso,
para probar si era más posible —

di vuelta mi ser vuelta y vuelta
y me detuve en cada corral
para preguntar el nombre del dueño —
dudando, de reconocer el sonido —

examiné mis facciones — arreglé mi pelo —
provoqué mis oyuelos, y esperé —
si ellos — brillaban de nuevo —
mi convicción podría, de mi —

me dije a mí misma, "¡ten coraje, amigo —
eso — fue un tiempo atrás —

pero podríamos aprender a amar el cielo,
como a nuestra vieja casa!"

c. 1862

354

Del capullo emergió una mariposa —
como una dama de su puerta
emergió — una tarde de verano —
acicalándose a cada instante —

sin designios — de que yo pudiera rastrear
excepto de aventurarme afuera
en proyectos misceláneos
el trébol — comprendió —

su bonita sombrilla sea vista
desplegándose en un campo
donde hombres preparan heno —
luego peleando duramente
con una opuesta nube —

donde grupos — fantasmagóricos como ella misma —
a ninguna parte — parecía que se fueran
en inexplicable circunferencia —
como en una representación tropical —

y no obstante una abeja — que trabajaba —
y una flor — que celosa volaba —

esta audiencia de ociosidad
desde el cielo, los desdeñaba —

hasta que el ocaso arrastró — una tranquila marea —
y los hombres que preparaban heno —
el atardecer — y la mariposa —
se extinguieron — en el mar —

c. 1860

356

El día en que fui coronada
fue como cualquier otro día —
hasta que llegó la coronación —
y luego — fue distinto —

como carbón en el carbón
y carbón en la gema
son uno — y aún el primero
fuera opaco para una diadema —

me levanté, y todo era natural —
mas cuando el día declinó
yo y eso, con majestad
estábamos igualmente — adornados —

la gracia de ser — elegida —
para mí — sobrepasó la corona

que fue el testigo de la gracia —
y ésa era naturalmente mía —

c. 1862

361

Lo que puedo hacer — lo haré —
aunque sea pequeño como un narciso —
lo que no pueda — tiene que ser
desconocido a la posibilidad —

c. 1862

362

Me sorprendió — cada día —
el relámpago era tan nuevo
como si la nube en ese instante se abriera
y dejara pasar el fuego —

me quemó — en la noche —
y lastimó mi sueño —
y lastimara nuevamente sobre mi vista —
con cada mañana que llegara —

pensé que la tormenta — era breve —
la más loca — la más rauda —
pero la naturaleza perdió la fecha de esto —
y la dejó en el cielo —

c. 1862

363

Fui a darle las gracias —
pero ella dormía —
su cama — una piedra ahuecada —
con ramilletes a los pies y a la cabecera —
que viajeros — arrojaron —

que fueron a darle las gracias —
pero ella dormía
era breve — cruzar el mar —
para contemplarla como si — viviera —
pero el regreso — fue lento —

c. 1862

370

El cielo está tan lejos de la mente
que si la mente fuera disuelta —
su lugar — por arquitecto
otra vez no podría ser hallada —

es vasta — como nuestra capacidad —
pura — como nuestra idea —
para el que tenga el adecuado deseo
no está más lejos, pues aquí está —

c. 1862

371

Preciado — mohoso placer —
encontrar un libro antiguo —
arropado en un vestido de otro siglo —
un privilegio — me parece —

tomar su venerable mano —
y darle calor con la nuestra —
dar un paso atrás — o dos —
hacia los tiempos — en que era joven —

sus graciosas opiniones — inspeccionar —
su pensamiento indagar
sobre temas que conciernen a nuestras mutuales [mentes —
la literatura del hombre —

lo que más interesa a los eruditos —
en qué competiciones participaba —
cuando Platón — era incontestable —
y Sófocles — un hombre —

cuando Safo — era una verdadera niña —
y Beatriz usaba —
la bata que Dante — deificó —
hechos de siglos anteriores

él los atraviesa — simplemente —
como cuando vamos a la ciudad —

y nos dice que los sueños — fueron realidad —
él vivió — donde nacieron los sueños —

su presencia es encantamiento —
le rogamos que no se vaya —
antiguos volúmenes sacuden sus cabezas apergami-
[nadas
y así nos atormentan —

c. 1862

374

Vuelvo del cielo —
era un pueblo —
rubí — tenían de lámpara —
plumas — de cortinados —

más tranquilo — que los campos
en pleno rocío —
precioso — como un cuadro —
que ningún hombre pintó.

Gente — como polilla —,
de encaje — marcos —
labores — de telaraña —
y decir — nombres —
casi — contenta —
yo — podía estar —

en tan selecta
sociedad —

c. 1862

375

El ángulo de un paisaje —
cada vez que despierto —
entre la cortina y la pared
sobre una amplia grieta —

como una celosía — aguardando —
se presenta a mis ojos —
es sólo una rama de manzano —
que se yergue inclinada, en el cielo —

el diseño de una chimenea —
el frente de una colina —
a veces — el índice de una veleta —
pero esto es — ocasional —

las estaciones — transforman — el cuadro —
de mi esmeralda rama,
despierto — y no encuentro — esmeraldas —
luego — diamantes — que la nieve

desde polares cimas — me buscan —
la chimenea — y la montaña —

y sólo el dedo del campanario —
éstos — nunca se alteran —

c. 1862

376

Es claro — que recé —
¿y a Dios le importó?
le importó tanto como si un pájaro
en el aire — golpeara con su pata —
y gritara dame —
razón — vida —
que no hubiera tenido — sin ti —
más piadoso hubiera sido
en la tumba del átomo dejarme —
alegre, aniquilada, dichosa y muda —
en lugar de esta penetrante miseria.

c. 1862

379

Repetir en nosotros
renovados deleites —
es como un asesinato —
omnipotente — agudo —

no soltamos el puñal —
porque amamos la herida

el puñal conmemora
memorias que morimos.

c. 1862

384

Ningún cepo puede torturarme —
mi alma — en libertad —
detrás de este esqueleto mortal
se teje uno de más valor —

no puedes horadar con un serrucho —
ni traspasar con una cimitarra —
dos cuerpos — por lo tanto perdura —
amarra uno — el otro vuela —

el águila de su nido
no se despoja —
y gana el cielo
más fácilmente que tú —

excepto tú mismo tal vez nadie puede ser
tu enemigo —
cautividad es conciencia —
y también libertad.

c. 1862

386

Contesta Julio —
¿dónde está la abeja —
dónde el rubor —
dónde el heno?

Ah, Julio dijo —
¿dónde está la semilla —
dónde el pimpollo —
dónde Mayo —
contéstame tú — a mí —

no — dijo Mayo —
¡muéstrame la nieve —
muéstrame las campanas —
muéstrame la urraca!

Arguyó la urraca —
¿dónde está el maíz —
dónde el tufo —
dónde las cáscaras?
Aquí — dijo el Año —

c. 1862

389

Hubo una muerte, en la casa de enfrente,
tan reciente como hoy —

lo sé por el aire mudo
que semejantes casas tienen —

los vecinos corren adentro y afuera —
el doctor — se retira —
una ventána se abre como la cápsula de una planta —
abrupta — mecánica —

alguien arroja un colchón —
los niños se apresuran —
se preguntan si murió — sobre él —
me sucedía — cuando niño —

el pastor — entra erguido —
como si la casa fuera suya —
como si fuera el dueño de todos los deudos —
[ahora —
pequeños niños también —

y la sombrerera — y el hombre
del terrorífico oficio —
para tomar la medida de la casa —
habrá esa oscura pompa —

de borlas — y de carrozas — pronto —
es claro como un signo —
la intuición de esa noticia —
en un pueblo de campo —

c. 1862

396

Hay una languidez de la vida
más inminente que la pena —
es sucesora de la pena — cuando el alma
ha sufrido todo lo que puede —

una somnolencia — difusa —
un ofuscamiento como una neblina
envuelve la conciencia —
una neblina — que oblitera un despeñadero.

El cirujano — no se inmuta frente — al dolor —
su hábito — es severo —
pero dile que ha cesado de sentir —
la criatura que yace ahí —

y te dirá — la técnica tardó —
alguien más poderoso que él —
ha oficiado antes —
no hay vitalidad.

c. 1862

397

Cuando los diamantes son leyendas,
y diademas — un cuento —
un broche y aros para mí,
siembro y cultivo para vender —

y aunque rara vez consideraron
mi arte — un día veraniego — tuvo benefactores —
una vez — fue una reina
otra — una mariposa —

c. 1862

405

Podría estar más sola
sin mi soledad —
tan habituada estoy a mi destino —
tal vez la otra — paz —

podría interrumpir la oscuridad —
y llenar el pequeño cuarto —
demasiado exiguo — en su medida — para contener
el sacramento — de él —

no estoy habituada a la esperanza —
podría entrometerse en —
su dulce ostentación — violar el lugar —
ordenado para el sufrimiento —

sería más fácil
fallecer — con la tierra a la vista —
que conquistar — mi azul península —
perecer — de deleite —

c. 1862

409

Cayeron como copos —
cayeron como estrellas —
como pétalos de una rosa —
cuando de pronto a través de junio
un viento con dedos — avanza —

perecieron en el pasto desarraigado —
nadie pudo hallar el lugar —
pero Dios puede convocar cada faz
en su lista de abolidos.

c. 1862

410

La primera noche de aquel día había llegado —
y agradecida de que algo
tan terrible — fuera tolerado
pedí a mi alma que cantara —

dijo que sus cuerdas estaban rotas —
su arco — en átomos destrozado —
y entonces para componerlo — me dio trabajo
hasta la otra mañana —

y luego — un día tan enorme
como repetidos ayeres,
desplegó su horror en mi cara —
hasta enceguecer mis ojos —

mi cerebro — se echó a reír —
y a balbucear — como un idiota —
y aunque pasaron años — desde aquel día —
la risita perdura —

y algo extraño — dentro —
de la persona que yo era —
y ésta — que no siente lo mismo —
¿podrá ser locura?

c. 1862

413

Nunca me sentí en mi casa — acá —
y en el cielo radiante
no me sentiré en mi casa — lo sé —
no me gusta el Paraíso —

porque es domingo — todo el tiempo —
el recreo — nunca llega —
en el edén serán tan solitarias
las brillantes tardes del miércoles —

si Dios pudiera hacer una visita —
o dormir una siestita —
para no vernos — pero dicen
que él mismo — es un telescopio

perenne que nos mira —
yo misma huiría

de él — del Espíritu Santo — y de todo lo demás —
sí, pero está el ¡"Día del Juicio Final"!

c. 1862

415

Una puesta de sol de noche — es natural —
pero una puesta de sol al alba
invierte la naturaleza — maestro —
entonces medianoche — es — mediodía.

Eclipses están — pronosticados —
y la ciencia se inclina ante ellos —
pero si de pronto nos encontramos con uno —
el reloj de Jehová — se equivoca.

c. 1862

416

Un murmullo en los árboles — para notarlo —
no suficientemente fuerte — en el viento —
una estrella — no bastante lejos para buscarla —
no bastante cerca — para hallarla —

una larga — franja amarilla — en el césped —
alboroto — de pies —
no audible — como los nuestros — para nosotros —
más vivaces — más suaves —

un apresuramiento de hombrecitos hacia sus casas
a casas desapercibidas —
todo esto — y más — si yo lo dijera —
nadie lo creería —

tordos en carriolas
cuántos yo sorprendí
cuyos camisones no podían cubrir las alas —
aunque oí que trataban —

pero prometí no decirlo a nadie —
¿cómo podría romper mi palabra?
así es que sigue tu camino — yo seguiré el mío —
no temas perderte.

c. 1862

421

Un encanto reviste una cara
imperfectamente entrevista —
la dama no se atreve a levantar el velo
por miedo de que se desvanezca —

pero escudriña más allá de su red —
y desea — y no acepta —
no sea que la entrevista — anule un deseo
que esa imagen — satisface —

c. 1862

425

Buenos días — medianoche —
vuelvo a casa —
el día — se cansó de mí —
¿cómo pude yo — de él?

El resol era un dulce lugar —
me gustaba quedarme allí —
pero la mañana — no me quería — ahora —
así es que — ¡buenas noches — día!

¿Puedo mirar — puedo —
cuando el este es rojo?
las montañas — tienen algo — en ese instante —
que vuelve el corazón — extranjero —

no eres — tan razonable — medianoche —
yo elegí — el día —
pero — por favor lleva a una niñita —
¡se volvió y se fue!

c. 1862

431

¿Yo? — ¿Yo? ¡Mi deslumbrante cara
en tan deslumbrante sitio!
¿Yo? — ¡Yo! ¡En mi forastero oído
un clamor de bienvenida — ahí!

Los santos olvidan
nuestros avergonzados pies —

será mi fiesta,
que ellos — me recuerden —
mi paraíso — la fama
que pronuncien ellos mi nombre —

c. 1862

433

¡Sabe cómo olvidar!
Pero ¿puede enseñarlo?
Es un arte muy fácil,
dicen, cuando se aprende.

Por adquirirlo, lánguidos
corazones murieron
hoy se hacen por la ciencia
frecuentes sacrificios —

aunque yo fui a la escuela
no me volví muy sabia
nada me enseñó el globo,
tampoco el logaritmo

para olvidar ¿qué se hace?
¡Dime — si eres filósofo!
¡Ah, ser tan erudito
y llegar a saberlo!

¿Estará en algún libro
que podría comprar? —
¿Será como un planeta?
Lo sabe el telescopio —

si es una invención
ha de tener patente.
Rabí del docto Libro,
¿tampoco tú lo sabes?

c. 1862

435

Mucha locura es juicio divino —
para el ojo más sagaz —
mucho juicio — la más estricta locura —
para la mayoría
en esto, y en todo, prevalece —
asiente — y eres normal —
disiente — y eres directamente peligroso —
y manejado con cadenas —

c. 1862

436

El viento — golpeó como un hombre cansado —
y como un huésped — "adelante"
respondí valientemente — entró
en mi habitación

un veloz — invitado sin pies
a quien ofrecer una silla
era tan imposible como ofrecer
al aire un sofá —

ningún hueso tenía para sostenerlo —
su diálogo era como el simultáneo alboroto
de numerosos pájaros
en una rama superior —

su continente — una oleada —
sus dedos, al pasar
dejaban oír una música — como tonadas
sopladas trémulas en un vidrio —

siguió su visita — aún revoloteando —
luego como hombre tímido
otra vez, golpeó — como una ráfaga —
y yo me volví sola —

c. 1862

440

Es costumbre al separarse
regalar alguna alhaja —
para la fidelidad
de amantes que se separan —

varían — como los gustos —
al viajar lejos — Clematis —

me regala siempre un rizo
de sus cabellos eléctricos —

c. 1862

441

Esta es mi carta al mundo
que jamás me escribió —
la simple noticia que la naturaleza dio —
con tierna amistad

su mensaje está consignado
a manos que no puedo ver —
por amor a ella — dulces — compatriotas —
juzgadme tiernamente —

c. 1862

442

Dios hizo una genciana —
que trató — de ser rosa —
y no pudo — y todo el verano se rió —
a punto de caer las nieves

surgió una púrpura criatura —
que deslumbró toda la colina —
y el verano ocultó su frente —
y la burla — se aquietó —

las heladas fueron su condición —

el tiriano no vendría
hasta que el norte — lo invoque —
¿Creador — floreceré?

c. 1862

443

Me ato el sombrero — cruzo mi chal —
las pequeñas obligaciones de la vida — cumplo
[meticulosamente —
como si las más ínfimas
fueran infinitas — para mí —

pongo nuevas flores en el vaso —
y tiro las viejas — afuera —
de mi vestido saco un pétalo
que ancló ahí — mido
el tiempo será hasta las seis en punto
tengo tanto que hacer —
y así mismo — existencia — algún tiempo atrás —
se detuvo — aceleró — mi pulso — totalmente —
no podemos olvidarnos de nosotros
como un hombre consumado
o una mujer — Cuando la obligación está cumplida
volvemos a la materia —
puede haber — millas y millas de nada —
de acción — muy firme —
simular — es un punzante trabajo —
para esconder lo que somos
de la ciencia — y de la cirugía —

a telescópicos ojos
para soportar sobre nosotros sin pantalla —
para el bien — de ellos — no para el nuestro —
los sorprendería —
podríamos — temblar —
pero ya que tenemos una bomba —
que llevamos sobre el pecho —
sostiénela — está tranquila —
de cualquier modo — cumplimos con la labor de la
[vida —
aunque la recompensa de la vida — se haga —
con escrupulosa eaxctitud —
para mantener nuestros sentidos vivos —

c. 1862

444

Parece una vergüenza estar vivo —
cuando hombres tan valientes — han muerto —
uno envidia el distinguido polvo —
que amparó esa cabeza —

La piedra — que defiende aquel
espartano que apartó
lo poquito de él — que nos queda
en prenda por la libertad —

el precio es grande — sublime pago —
¿Merecemos — algo —

que vive — como dólares — que se apilan
antes de obtenerse?

¿Nosotros que esperamos — valemos bastante —
para que esa perla enorme
la vida — sea disuelta — por nosotros —
en horribles juegos — de batalla?

Podrá ser — notoriedad vivir —
yo pienso que el hombre que muere —
esos desamparados — salvadores —
representan la Divinidad —

c. 1862

446

Le mostré alturas que nunca vio —
¿Treparías?, le dije
ella dijo — Así no —
Conmigo — le dije — ¿Conmigo?
Le mostré secretos — nidos matinales —
la cuerda que las noches cruzaban —
y ahora — ¿me tendrías de huésped?
No podía encontrar el sí —
luego, freno mi vida — y ay,
una luz, para ella, solemne brilla,
aumenta, a medida que su faz se retira —
y podría ella, de nuevo, ¿no?

c. 1862

447

¿Podría — hacer más — por ti —
si fueras un abejorro —
ya que para la reina, no tengo yo —
ni un bouquet?

c. 1862

448

Este era un poeta — es él
que destila asombroso sentido
del significado banal —
una esencia tan potente

de las especies familiares
que perecieron en la puerta —
nos preguntamos si nosotros
no las capturamos — antes —

de imágenes, el revelador —
el poeta — es él —
el que nos da derecho — por contraste —
a la incesante pobreza —

la porción — tan inconsciente —
que el robo — no podría dañar —
siendo él mismo — una fortuna —
extrínseca — al tiempo —

c. 1862

450

Los sueños — son buenos — pero despertar es
[mejor,
si uno despierta a la mañana —
si uno despierta a medianoche — mejor —
soñando — con la aurora —

más dulces — los conjeturados tordos —
nunca alegrado el árbol —
confrontando — una sólida aurora —
que no lleva a ningún día —

c. 1862

453

Amor — eres alto —
yo no puedo alcanzarte —
pero, si fuéramos dos —
quién sabe — nosotros —
por turno — en el Chimborazo —
Ducal — por fin — podríamos pararnos —

amor — eres profundo —
yo no puedo atravesarte —
si fuéramos dos
en vez de uno —
remero y lancha — en un soberano verano —
quién sabe — ¿llegaríamos al sol?

amor — te cubre un velo —
muy pocos — te ven —
sonríe — y altérate — y charla — y muere —
sería un disparate — sin ti — la dicha —
apodada por Dios —
Eternidad —

c. 1862

454

Me fue dado por los dioses —
cuando era niña —
nos dan más regalos — sabes —
cuando somos nuevos — y pequeños.
Lo guardé en mi mano —
y nunca lo dejé —
no me atrevía a comer — ni a dormir —
de miedo que se fuera —
oí las palabras como rica —
cuando corría para la escuela —
de labios en las esquinas de las calles —
y luchando con una sonrisa.
¡Rica! era yo misma — era rica —
y ser dueña del oro — en sólidos lingotes —
la diferencia — me volvía atrevida —

c. 1862

456

Tanto que no puedo sin ello vivir —
te quiero a ti — ¿entonces cuánto?
¿Tanto como Jesús?
Pruébame
que él — amó a los hombres —
como yo — te amo a ti —

c. 1862

458

Como ojos que miran las basuras —
incrédulos de todo —
salvo del vacío — y quieta soledad —
diversificada por la noche —

sólo infinitos de la nada —
tan lejos como podía ver —
así era la cara que yo miré —
así miró ella misma — a la mía —

no le ofrecí ninguna ayuda —
porque la causa era mía —
la miseria densa tan compacta
tan desesperanzada — como divina

ninguna — se absolvería —
ninguna sería una reina

sin la otra — de modo que —
aunque reinemos — pereceremos —

c. 1862

461

Una mujer — al alba seré —
aurora — ¿tienes una bandera para mí?
A medianoche, soy sólo una doncella,
qué poco falta para ser una novia —
entonces — medianoche, he pasado de ti
hacia el este, y la victoria —

medianoche — ¡buenas noches! Los oigo llamar
los ángeles se apresuran en el hall —
suavemente mi futuro sube la escalera,
hurgo mi plegaria de la niñez
tan pronto no ser más un niño —
eternidad, ya voy — Señor,
¡Salvador — he visto esa faz — antes!

c. 1862

463

Vivo con él — veo su cara —
no me alejo más
por visitas — o el ocaso —
la muerte única privacidad

el único — monopolio mío —
y eso — por derecho que él
presenta un invisible dominio —
ningún connubio — otorgado —

vivo con él — oigo su voz —
permanezco viva — hoy —
para atestiguar la certeza
de la inmortalidad —
adoctrinada — por el tiempo — el camino más sim-
[ple —

convicción — cada día —
que la vida como ésta — no se puede detener —
sea el juicio — como sea —

c. 1862

465

Oí zumbar una mosca — al morir
la quietud del cuarto
era como la quietud del aire —
entre los sobresaltos de la tormenta —

los ojos que me rodeaban — se habían vaciado —
las respiraciones se unían firmes
para la última ceremonia — en que el Rey
aparecería — en el cuarto —

yo había legado mis recuerdos — legado
todo lo que podía transferir de mí

fue en ese momento
cuando se interpuso una mosca —

con azul zumbaba — indecisa tropezaba —
entre la luz — y yo —
y luego las ventanas declinaron — y luego
no pude ver para ver —

c. 1862

470

Estoy viva — sospecho —
las ramas en mi mano —
están llenas de ipomeas —
y en la punta de mis dedos —

el carmín — hormiguea calor —
y si sostengo un espejo
junto a mi boca — se empaña —
facultativa — prueba de respiración —

estoy viva — porque
no estoy en mi dormitorio —
en la sala — habitualmente estoy —
de modo que las visitas podrían venir —

y demorarse — y mirar de soslayo —
y agregar "qué frío hace" —
y "¿estaba consciente — cuando entró
en la inmortalidad?"

Estoy viva —
porque no tengo una casa —
de mi propiedad — precisa —
adecuada para nadie más —

y marqué mi nombre de soltera —
para que las visitas sepan
qué puerta es la mía — y no se equivoquen —
y ensayen otra llave —

¡Qué bueno — estar viva!
qué infinito — ser
vivo — doblemente — el nacimiento que tuve —
y éste — además, ¡en Ti!

c. 1862

471

Una noche — allí están los días intermedios —
el día anterior —
el día posterior — eran uno —
y ahora — la noche — estaba aquí —

lenta — noche — que hay que vigilar —
como grano de arena en una playa —
demasiado imperceptibles para notarse —
hasta que no haya más noche —

c. 1862

476

Mi intención era tener modestas exigencias —
por ejemplo el contento — y cielo —
dentro de mi posibilidad — éstos podrían estar
la vida y yo — equilibradas —

pero ya que lo último — incluía ambos —
mi oración alcanzaría
para estipular — sólo una —
y la gracia concedería el resto —

y fue así — en esta forma — que recé —
Gran Espíritu — dadme
un cielo no tan grande como el tuyo,
pero bastante ancho — para mí —

una sonrisa iluminó la faz de Jehová —
los querubines — se retiraron —
graves santos salieron para verme —
y sonrieron — también —

hui del lugar, con todas mis fuerzas —
y arrojé mi oración —
edades tranquilas la recogieron —
el Juicio — se regocijó — también —

que alguien tan honesto — exista —
para creer cierta esa historia —
"cualquier cosa que pidas —
se te otorgará" —

pero yo, astuta — escudriño el cielo
con aire desconfiado —
como niño — una vez engañado
deduce que el mundo — lo engaña —

c. 1682

480

¿Por qué te amo, Señor?
Porque —
el viento no requiere que el pasto
le conteste — porque cuando él pasa
no puede permanecer en su sitio.

Porque él sabe — y
no lo sabes tú —
y nosotros no lo sabemos —
bastante para nosotros
la sabiduría es así —

el relámpago — nunca preguntó al ojo
por qué parpadeó — cuando él pasó —
porque sabe que no puede hablar —
y razones no contenidas —
de hablar —
son contenidas — por seres más delicados —

la salida del sol — Señor — me conmina —
porque él es el sol naciente — y yo veo —

de modo — que —
te amo a Ti —

c. 1862

484

Mi jardín — como la playa —
revela que hay — un mar —
es el verano —
como éstos — las perlas
que ella busca — ella —
como yo

c. 1862

486

Yo era lo más insignificante de la casa —
tomé el cuarto más chico —
a la noche mi pequeña linterna, un libro —
y un geranio —

Así apostada podía recoger la menta
que nunca dejó de caer —
y mi canasta —
dejadme pensar — estoy segura
que esto fue todo —

nunca hablé — a menos que me hablaran —

luego todo fue breve y mudo —
no podía vivir — en alta voz —
me avergonzaba el bullicio —

y si no hubiera sido tan lejos —
y si alguien que conozco
se hubiera ido — con frecuencia pensaba
qué desapercibida — podía morir —

c. 1862

487

Tú amas al Señor — no lo puedes ver —
le escribes — todos los días —
una breve esquela — cuando despiertas —
y más durante el día.
Una extensa carta — cuánto añoras —
y te encantaría ver —
mas su casa — está a sólo un paso —
y la mía — en el cielo — ya ves.

c. 1862

494 a

¡Ve hacia él! ¡Carta feliz!
Dile —
dile de la página que no escribí —
dile — que sólo dije la sintaxis —
y dejé verbo y pronombre afuera —

dile cómo mis raudos dedos se apuraron —
luego — cómo se demoraron — lentos — lentos —
y cómo deseaste tener los ojos posados sobre las
[páginas —
para poder ver lo que tanto los conmovía —

dile — que no fue un ejercitado escritor —
lo adivinaste — por las laboriosas frases que escri-
[bías —
se podía oír el tirón que daba la bata —
como si sostuviera el frenesí de un niño —
tuviste casi piedad por él — tanto se sentía —
dile — no — puedes buscar subterfugios —
pues podría romper su corazón, de saberlo —
entonces tú y yo, nos volvimos más silenciosos.

Dile — la noche terminada — antes que terminára-
[mos —
y el viejo reloj permanecía relinchando ¡"día"!
y tú — somnoliento — rogaste que terminara —
¿qué podía detener — para decir?
¡Dile — sólo cómo te selló — prudente!
Pero — si pregunta dónde estás escondida
hasta mañana — ¡feliz carta!
¡con ademán coqueto — sacude la cabeza!

c. 1862

494 b

¡Ve — hacia — ella!
¡Feliz carta! Dile —
¡dile — de la página que nunca escribí!
¡Dile, que sólo dije — la sintaxis —
y dejé verbo y pronombre afuera!
dile cómo mis raudos dedos — se apuraron —
luego — cómo vacilaron — lentos — lentos —
y cómo deseaste tener los ojos — posados sobre las
[páginas —
para poder ver — lo que tanto — los conmovía —

dile — que no fue un ejercitado escritor —
[lo adivinaste —
¡por las laboriosas frases que escribías —
se podía oír — el tirón — que daba la bata —
como si sostuviera el frenesí de un niño!
tuviste casi piedad de él — tanto se sentía —
¡dile — no — puedes buscar subterfugios —
entonces — tú y yo — nos volvimos más silenciosos!

Dile — la noche terminada — antes — que terminá-
[ramos —
y el viejo reloj permanecía relinchando — ¡"día"!
y tú — somnolienta — rogaste que terminara —
¿qué podía detener — para decir?
¡Dile — sólo cómo te selló — prudente!
Pero — si pregunta dónde estás escondida — hasta
[la tarde —
¡Ah! ¡tórnate vergonzosa!

¡Con ademán coqueto —
sacude la cabeza!

c. 1862

496

Tan lejos de la piedad, como la queja —
tan frío a la palabra — como la piedra —
inconmovible a la revelación
como si mi oficio fuera de hueso —

tan lejos del tiempo — como la historia —
tan cerca de uno mismo — hoy —
como niños, a las bufandas del arco iris —
a la puesta de sol a su juego amarillo

a los párpados en el sepulcro —
¡cuán mudo yace el danzarín —
cuando las revelaciones del color se rompen —
y resplandecen — las mariposas!

c. 1862

498

Envidio los mares, sobre los que navega —
envidio los rayos de ruedas
de carruajes, que lo llevan —
envidio torcidas montañas

que lo contemplan en su viaje —
¡Qué fácil todos pueden ver
lo que es prohibido totalmente
como el cielo — para mí!

Envidio nidos de gorriones —
que espían sus distantes albas —
la pudiente mosca, sobre su vidrio —
las felices — felices hojas —

que junto a su ventana
tienen permiso en verano para jugar —
o los aros de Pizarro
que no pudo conseguir para mí —

envidio la luz — que lo despierta —
y campanas — que valientes suenan
para decirle que es mediodía, en tierras lejanas —
yo misma — sería mediodía para él —

aún prohíbe — mi floración —
y anula — mi abeja —
no sea que el mediodía en la eterna noche —
nos deje caer al arcángel Gabriel — y a mí —

c. 1862

500

En mi jardín avanza un pájaro
sobre una rueda con rayos —

de música persistente
como un molino vagabundo —

jamás se demora
sobre la rosa madura —
prueba sin posarse
elogia al partir,

cuando probó todos los sabores —
su cabriolé mágico
va a remolinear en lontananzas —
entonces me acerco a mi perro,

y los dos nos preguntamos
si nuestra visión fue real —
o si habríamos soñado el jardín
y esas curiosidades —

¡pero él, por ser más lógico,
señala a mis torpes ojos —
las vibrantes flores!
¡Sutil respuesta!

c. 1862

501

Este mundo no es conclusión.
Otra especie existe más allá —
invisible, como una música —
pero positiva como el sonido —

hace una seña, y desconcierta —
la filosofía — no sabe —
y a través de un enigma, hasta el fin durará —
la sagacidad, tiene que acudir —
adivinarlo, perturba a los eruditos —
para conseguirlo, hombres han sobrellevado
desacato de las generaciones
y crucifixiones, exhibidas —
la fe tambalea — y ríe, y revive —
se ruboriza, si alguien la ve —
arranca una brizna de evidencia —
y consulta a la veleta, el camino —
muchos ademanes, desde el púlpito —
fuertes aleluyas resuenan —
narcóticos no pueden aquietar el diente
que roe — el alma —

c. 1862

502

Por lo menos — rezar — nos queda — nos queda
oh, Jesús — en el aire —
no sé cuál es tu morada —
estoy golpeando — en todas partes —

Tú que armas un terremoto en el sur —
y una tromba en el mar —
di, Jesús de Nazaret —
¿no tienes un brazo para mí?

c. 1862

503

¡Mejor — que la música! Pues yo — que lo oí —
estaba acostumbrada — a los pájaros — antes —
esto — era diferente — era traducción —
de todas las tonadas conocidas — y más —

no estaba incluida — como otra estrofa —
nadie podía ejecutarla — por segunda vez —
pero el compositor — perfecto Mozart —
¡pereció con él — esa rima sin clave!

Los niños así — contaron cómo los arroyos en el
[edén —
balbucearon una melodía — mejor —
graciosamente infieren — la célebre entrega de
[Eva —
urgiendo los pies — que no — volarían —

los niños — maduros — son más sabios — la ma-
[yoría —
el edén — una leyenda — débilmente narrada —
Eva — y la angustia — el cuento de la gran Se-
[ñora —
pero — yo estaba contando una tonada — que oí —

no un acorde como — de iglesia — bautiza —
cuando el último santo — sube las naves —
una estrofa de éstas no hiende el silencio —
cuando la redención tañe sus campanas —

no me dejes perder — su mínima cadencia —
tarareando — expectante — cuando sola —
tarareando — hasta que mi tímido ensayo —
dé con el tono — rodeando el trono —

c. 1862

504

Conoces ese retrato en la luna —
dime pues a quién se parece —
las mismas cejas — los entornados ojos —
un velo — digamos — ¿para quién?

el mismo corte de las mejillas —
varía — en el mentón —
pero — Ismael — desde que nos conocimos — hace
[tiempo —
las modas — intervienen —

cuando la luna está llena — es tú — digo —
mis labios contienen sólo tu nombre —
cuando creciente — tú estás cansado — lo noto —
pero — está ahí — el mismo color de oro —

y cuando — alguna noche — intrépido — rasgadas
[nubes
te arrancan de mí —
esto es más fácil — que el otro film
que relumbra de fiesta —

c. 1862

505

No pintaría — un cuadro —
más bien sería uno
su brillante imposibilidad
de extenderse — en delicias —
y averiguar cómo los dedos sienten
la rara — celeste — emoción —
que evoca tan dulce tormento —
tan suntuosa — desesperación —

no hablaría, como flautas —
más bien sería una
dirigida suavemente al cielo raso —
y hacia afuera, simplemente —
atravesando poblaciones del espacio —
yo misma transformada en globo
por un inflador de metal —
pilar de mi puente —

no sería un poeta —
es mejor — poseer un oído —
enamorado — impotente — contento —
licencia para respetar,
privilegio tan atroz
como sería la dote,
¡si tuviera yo el arte de aturdirme
con relámpagos de melodía!

c. 1862

506

Me tocó, de modo que existo para saber
que un día como aquel lo permitió,
me acurruqué sobre su pecho —
era un infinito lugar para mí
silencioso, como el terrible mar
que ordena descanso a los ríos.

Y ahora, soy distinta a lo que era,
como si respirara un aire superior —
o no alzara una real vestidura —
mis pies, que vagaron tanto también —
mi cara gitana — transfigurada ahora —
para una celebridad más tierna —

a este puerto, si yo pudiera llegar,
Rebeca a Jerusalem,
tan embelesada no estaría —
ni persas, atónitos en su tumba
elevan semejante signo de la cruz
a su imperial sol.

c. 1862

507

Ve un pájaro — se estremece —
se estira — se arrastra —
corre sin mostrar sus patas —
sus ojos se agrandan como bolas —

sus mandíbulas se agitan — crispadas — hambrien-
[tas —
sus dientes apenas puede tolerar —
salta, pero el tordo saltó primero —
ah, minina, de la arena,

las suculentas esperanzas madurando —
casi te bañó la lengua —
cuando el arrobamiento desplegó sus dedos —
y voló con cada uno —

c. 1862

508

Estoy concedida — ya no les pertenezco —
el nombre que dejaron caer sobre mi faz
con agua, en la iglesia de campo
terminó de gastarse, hoy,
pueden dejarlo con mis muñecas,
mi infancia, y los hilos de los conos,
que terminé de hilar —

bautizada, anteriormente, sin elegirlo,
pero esta vez, consciente, de la gracia —
en un supremo nombre —
llamada a mi conciencia — el creciente cayó —
el arco de la existencia total, se llenó,
con una pequeña diadema.

Mi segundo rango — demasiado pequeño el prime-
[ro —
coronada — exultando — en el pecho de mi padre —
una inconsciente reina —
pero esta vez — adecuada — erecta,
con voluntad de elegir, o rechazar,
y yo elegí, sólo una corona —

c. 1862

509

Si el amigo de alguien muere
es el acto más punzante
pensar en cómo caminaban cuando estaban vivos —
en tal o cual época —

sus vestimentas, en un domingo,
el modo de peinarse —
una picardía conocida sólo por ellos
perdida, en el sepulcro —

qué ardientes, fueron, en aquel día,
casi puedes precisar la fecha —
tan corta la distancia parece —
y ahora — hace siglos —

qué contentos estaban, con lo que dijiste —
tratas de tocar la sonrisa
y pasar tus dedos por la escarcha —
cuando fue — puedes decir —

buscaste invitados para el té —
amistades — unas pocas —
y charlaste íntimamente de esa gran cosa
que no te recuerda —

pasadas reverencias, e invitaciones —
pasadas entrevistas, y promesas —
pasado lo que nosotros mismos podemos estimar —
¡eso — produce la punzante desdicha!

c. 1862

510

No era la muerte, pues yo estaba de pie,
y todos los muertos, están acostados —
no era de noche, pues todas las campanas
agitaban sus badajos, a mediodía.

No había helada, pues en mi piel
sentí sirocos — reptar —
ni fuego — pues sólo mis pies de mármol
podían helar un santuario —

y sin embargo, se parecían a todas
las figuras que yo había visto
ordenadas, para un entierro,
rememoraba el mío —

como si mi vida fuera recortada,
y calzada en un marco,

y no pudiera respirar sin una llave,
y era como si fuera medianoche — ciertas

cuando todo lo que late — se detiene —
y el espacio mira a su alrededor —
la espeluznante helada — primer otoño que llora,
repele la apaleada tierra —

pero, todo como el caos — interminable — inso-
[lente —
sin esperanza, sin mástil —
ni siquiera un informe de la tierra —
para justificar — la desesperación.

c. 1862

511

Si vinieras este otoño,
espantaría el verano como una mosca
barrida por el ama de casa,
con una sonrisa desdeñosa.

Si pudiera verte dentro de un año,
devanaría los meses en ovillos —
con un cajón para cada uno,
y no se confundan los números —

si no fuera un problema de siglos,
yo los sustraería de mis dedos,

hasta verlos caer
en la tierra de Van Dieman.

Si yo supiera que después —
existiríamos, todavía tú y yo,
lo arrojaría como una corteza,
y elegiría la eternidad —

pero ahora ignorando
el tiempo que durará este intervalo,
me aguijona, como la espectral abeja —
que no anuncia — su aguijón.

c. 1862

512 a

El alma tiene momentos amordazados —
cuando demasiado aterrada para moverse —
siente un terrible miedo
y se detiene para mirar —

la saluda — con largos dedos —
y acaricia su helado pelo —
prueba, fantasmas, de sus mismos labios
el amante — revolotea — a su alrededor —
indigno que un pensamiento tan mezquino
aborde un tema — tan — hermoso —

el alma tiene momentos huidizos —
cuando violentando todas las puertas —

baila como una bomba, afuera,
y se balancea sobre las horas,

como la abeja — llevando el delirio —
largamente aprisionada por su rosa —
toda la libertad — y no sabe más nada,
salvo el día, y el Paraíso —

retomados momentos del alma —
cuando el felón conducido,
con grillos emplumados pies,
y grampas en la canción,

el horror de nuevo le da la bienvenida,
éstos no son rebuznos de la lengua —

c. 1862

512 b

El alma tiene vendados momentos —
demasiado consternada para moverse —
siente un espectral terror
y se detiene para mirarlo —

saludarlo — con largos dedos —
acariciar su encrespado pelo —
sorber duendes, de los mismos labios
del amante — que rondaba —
indigno, que un pensamiento mezquino
abordara un tema — tan — hermoso —

el alma tiene momentos huidizos —
cuando violentando todas las puertas —
baila como un torbellino, afuera,
y se columpia sobre las horas,

como la abeja — del delirio nacida —
aprisionada largamente por la roas —
alcanza la libertad — y no conoce otra cosa,
que la mañana, y el Paraíso —

recapturados momentos del alma —
cuando el felón conducido,
con grillos en los emplumados pies,
y fibra en las canciones,

y el terror le da, otra vez, la bienvenida,
y éstos no son ronquidos de la lengua —

c. 1862

513

Como flores, que oyeron noticias de rocíos,
pero nunca pensaron que el premio gota a gota
llegaría — a sus graves frentes —

o abejas — que en el nombre del verano
oían un rumor de delirio,
que ningún verano — les traería — a ellas —

o árticas criaturas, vagamente agitadas —

por tropicales insinuaciones — de un pasajero pájaro
que importa su promesa —

o la brillante señal del viento en el oído —
deparando ese casero, y severo,
contento, ya conocido —

el cielo — inesperado llega,
a las vidas que juzgaban la adoración
un salmo demasiado presuntuoso —

c. 1862

515

Ninguna multitud de gente que se ha juntado
exhibe — supongo
una tan universal atención
como la resurrección —

la periferia colmada —
la larga circunscrita tumba
afirma su vital privilegio —
el polvo — conecta — y vive —

átomos — prefigura el lugar —
todas las multitudes que hubo
se borran en la confrontación —
como soles — disuelven una estrella —

la solemnidad — prevalece —
su individual sentencia
posee cada separada conciencia —
augusta — abstaída — muda —

¿qué duplicado — existe —
qué paralelo puede haber —
en la significación de esto —
para el universo — y yo?

c. 1862

516

La belleza — no se causa — es —
persíguela, se eclipsa —
no la persigas, se queda —
sobrevienen las arrugas

en el prado — cuando el viento
le pasa los dedos —
la deidad velará
para que nunca lo hagas —

c. 1862

518

Su dulce peso en mi corazón una noche
se dignó reclinar apenas —

cuando, trémula, por la realidad del goce,
mi novia estremeciéndose había partido —

si era un sueño — hecho realidad — sólo
para que lo confirmara el cielo —
o si yo mismo fui soñado por ella —
el poder de presumir —

permanece con él — que a mí
me dio — como al resto —
una ficción que sobrepasa la fe —
tanto — como fue real —

c. 1862

519

Hacía calor — al principio — como nosotros —
hasta que reptó
un frío — como la helada sobre un vidrio —
hasta que toda la escena desapareció.

La frente copió la piedra —
los dedos se enfriaron demasiado
para doler — y como el arroyo helado
los activos ojos — se congelaron —

se endurecieron — eso fue todo —
se juntó frío con frío —
multiplicaron la indiferencia —
el orgullo era todo lo que podía —

y aun cuando con sogas —
lo bajaron, como un peso —
no hizo ninguna señal, sin reparo,
pero cayó como adamanto.

c. 1862

520

Salí temprano — llevé mi perro —
visité el mar —
las sirenas del sótano
subieron para verme —

y las fragatas — del piso alto
tendieron sus redes de cáñamo —
creyendo que yo era una laucha —
encallada — en la arena —

ningún hombre me conmovió — hasta que la marea
cubrió mis inocentes zapatos,
llegó hasta mi delantal — hasta mi cinturón,
traspasó mi corpiño —

fingió que iba a devorarme —
totalmente, como el rocío
sobre un macizo de verbenas —
entonces — yo también me volví —

y él, él — me siguió — de cerca —
sentí su tacón de plata

contra mi tobillo — luego mis zapatos
desbordaron de perlas —

hasta que llegamos al pueblo en tierra firme —
parecía no conocer a nadie —
e inclinándose — me miró intensamente —
el mar — se retiró —

c. 1862

522

Si hubiera presumido esperar —
la pérdida hubiera sido para mí
un valor — por causa de grandeza —
como gigantes — que se fueron —

si hubiera presumido una ganancia
un favor tan remoto —
el fracaso — pero confirmar la gracia
en futuros infinitos —

el fracaso — no de esperanza —
pero confidente desesperanza
avanzando en celestiales nóminas —
con vago — terrestre poder —

es honor — aunque yo muera —
por esto que ningún hombre obtiene

hasta que él esté justificado por la muerte —
ésta — es la segunda ganancia —

c. 1862

531

Soñamos — es bueno estar soñando —
sufriríamos — si estuviéramos despiertos
pero ya que es un simple juego — mátennos,
y jugando estamos — chillen —

¿dónde está el mal? Hombres mueren — externa-
[mente —
es una realidad — la sangre —
pero nosotros — estamos muriendo en un drama —
y el drama — nunca está muerto —

cuidado — reñimos entre nosotros —
o bien — abran los ojos —
no sea que un fantasma — descubra el error —
y el lívido asombro

nos congele en esquirlas de granito —
en una precisa edad — y un hombre —
y tal vez una frase egipcia —
es más prudente — soñar —

c. 1862

532

Traté de pensar en algo más solitario
de todo lo que había visto —
alguna expiación polar — un presagio en mis huesos
de la tremenda cercanía de la muerte —

probé olvidadas cosas
mi duplicado — para pedir —
un consumido alivio surge

de la creencia que en alguna parte —
dentro de la empuñadura del pensamiento —
mora otra criatura
de amor celestial — olvidada —

extraje de nuestra separación
como alguien que quisiera atísbar los muros —
entre él mismo — y los dobles horrores —
dentro de opuestas celdas —

y casi vacilé para tomar su mano,
tanto lujo — creció — que como yo misma —
podía tenerle lástima —
tal vez él — me tuvo lástima —

c. 1862

533

Dos mariposas salieron al mediodía —
y bailaron sobre una granja —
luego volaron a través del firmamento
y se posaron, sobre un reflejo —

luego — juntas avanzaron
sobre un brillante mar —
aunque nunca, en ningún puerto —
su llegada — mencionada fue —

si el distante pájaro de ellas habló —
si halladas en etéreo mar
por fragata o barco mercantil —
ninguna noticia — me llegó — a mí —

c. 1862

536

El corazón pide placer primero —
luego — excusa del dolor —
luego — los pequeños anodinos
que matan el dolor —

luego — irse a dormir —
y luego — si tiene que ser
el deseo de su inquisidor
el privilegio de morir —

c. 1862

537

Yo pruébolo ahora— cualquier duda que haya
deja de probar — ahora —
¡Apúrate — escrúpulo! Muerte sé limitada
con las oportunidades —

el río alcanza mis pies —
y aún — mi corazón está seco —
oh amado — la vida no pudo convencer —
podría la muerte — conseguirlo para ti —

el río llega a mi pecho —
y aún — y aún mis manos están arriba
proclaman con el resto de su fuerza —
¿reconoces el Amor?

El río llega a mi boca —
recuerda — cuando el mar
barrió con mis penetrantes ojos — el fin —
¡ellos eran rápidos — contigo!

c. 1862

538

Es cierto — me encerraron en el frío —
pero ellos — estaban al reparo
y no sabían lo que podía sentir —
olvídalo — Señor — por ellos —

no permitas que los moleste mi testimonio
en la estima del cielo —
ningún Paraíso podría — conferirse
a través de su amada culpa —

el mal que hicieron — fue breve —
yo misma — lo soporté —
perdónalos — como yo —
o bien — a mí no me perdones —

c. 1862

540

Junté mi fuerza en mi mano —
y fui en contra del mundo —
no tanto como David —
pero yo — fui doblemente valiente —

apunté con mi piedra — pero yo misma
fui todo lo que cayó —
¿era Goliat — demasiado grande —
o demasiado chica — yo?

c. 1862

541

Ciertas mariposas han sido vistas
en las pampas brasileras —

al mediodía — no más tarde — amor —
luego — la licencia termina —

tales especies — se muestran y pasan —
expuestas a tu avidez —
como las estrellas — que conociste anoche —
remotas — esta mañana —

c. 1862

542

No tenía ninguna razón para estar despierta —
mi mejor — se fue a dormir —
y la mañana una nueva atención tuvo —
y dejó de despertarlos —

pero llamó a los otros — claramente —
y corrió sus cortinas —
dulce mañana — cuando quedo dormido —
golpea — recuérdame — a mí —
miré al sol naciente — una vez —
luego los miré a ellos —
y un deseo se despertó en mí —
en circunstancias las mismas —

era una paz tan amplia —
no podía contener un suspiro —
era sábado — con las campanas divorciadas —
era el ocaso — todo el día —

de modo que eligiendo un solo vestido —
y llevando sólo una oración —
el único atavío que necesitaba —
me esforcé — y llegué —

c. 1862

543

Temo al hombre de frugal diálogo —
temo a un silencioso hombre —
al charlatán — puedo soportarlo —
al parlanchín — puedo entretenerlo —

pero el que medita — cuando los otros —
expenden su remoto haber —
de este hombre — soy cauteloso —
yo temo que sea preeminente —

c. 1862

549

Que yo siempre amé
yo te traigo la prueba
que hasta que amé
yo nunca viví — bastante —

que yo amaré siempre —
te lo discutiré

que amor es vida —
y vida inmortalidad —

esto — si lo dudas — querido —
entonces yo no tengo
nada que mostrar
salvo el calvario —

c. 1862

550

Atravieso hasta cansarme
una montaña — en mi mente —
más montañas — después un mar —
otros mares — y después
un desierto — encuentro —

mi horizonte se cierra
con silenciosas — arrastradas semillas
de inconjeturable cantidad —
como asiáticas lluvias —

ni esto — desarma mi paso —
se obstruye el oeste
pero como un saludo enemigo
de prisa para descansar —

¿qué mérito tendrá la meta —
excepto que interviene

vanas dudas — lejanos competidores —
para malversar la ganancia?

Por fin — la gracia a la vista —
grito a mis pies —
yo les ofrezco todo el cielo
al instante de encontrarnos —

vacilan — se demoran —
perecen — morimos —
¿o es esto el experimento de la muerte —
invertido — en victoria?

c. 1862

559

No conocía ningún remedio —
no era una enfermedad —
ninguna necesaria cirugía —
de modo que — no era un dolor —

movió las mejillas —
un hoyuelo por vez —
y dejó el perfil — más simple
y en el lugar del florecimiento

dejó un pequeño tinte
que nunca tuvo un nombre —
lo habrás visto en la cara de una casta —
habría que culpar — al Paraíso —

en un momento dado —
la temeridad — se acercó —
¿y la enfermedad — para siempre
por algunas cosas que vio?

c. 1862

561

Yo mido todas las penas que encuentro
con inquisidores, atentos ojos —
me pregunto si pesan como la mía —
o si tienen un tamaño menor.

Me pregunto si las sobrellevaron largamente —
o si empezó recién — no podría
decir la fecha de la mía —
siento que es una pena tan vieja —

me pregunto si lastima vivir —
y si tienen que ensayar —
y si pudieran elegir — si no sería —
de morir más bien —

advierto que algunos — son pacientes —
a la larga, renuevan sus sonrisas —
una imitación de la luz
que tiene poquito aceite —

me pregunto si cuando los años se apilan —
algunos millones — sobre el mal —

que les dolió temprano — semejante lapso
pudiera serles un bálsamo —

o seguirían doloridos aún
a través de siglos de nervios —
aliviados por una pena mayor —
en contraste con el amor —

los doloridos son muchos — me han dicho —
hay varias causas —
la muerte — es una — y llega una sola vez —
y clava los cjos —

hay dolor de querer — y dolor de frío —
una clase que llaman "desesperación" —
hay destierro de ojos nativos —
a la vista del aire nativo —

y aunque no pueda adivinar la especie —
correctamente — aún para mí
un penetrante consuelo consigue
pasando por el calvario —

notar la forma — de la cruz —
y cómo y de qué modo se usa comúnmente —
aún fascinados de presumir
que algunos — son como la mía —

c. 1862

563

No pude probar que los años tienen pies —
mas confiados corren
y yo, soy lo que soy por síntomas pasados
y acontecimientos ocurridos —

mis pies tienen metas más amplias —
sonrío por las aspiraciones
que parecían tan amplias — ayer —
hoy — tienen exigencias más vastas —

no dudo que el ser que yo era
era competente para mí —
pero algo inapropiado de lo idóneo —
prueba que — sublimada — veo —

c. 1862

564

Mi momento había llegado para rezar —
otro arte — no serviría —
un rudimento a mis tácticas — faltaba
Creador — ¿eras tú?

Dios florece arriba — los que rezan
horizontes — deben ascender —
y yo me encaminé al norte
para ver a este curioso amigo —

su casa no estaba — ningún signo de él —
por la chimenea — no por la puerta
pude inferir su residencia —
vastas praderas de aire

inviolada por un poblador —
fue todo lo que pude ver —
infinitud — ¿no tienes faz
para poder mirar en ti?

El silencio condescendió —
la creación se detuvo — para mí —
pero reverente más allá de mi propósito —
yo adoré — no "recé" —

c. 1862

565

Una angustia — en una multitud —
una cosa menor — parece —
sin embargo, para el antílope
perseguido por los sabuesos

es un error consumado
como legiones de alarma
que saltan, de frente, sobre la multitud —
son los elementos — que hacen el bullicio —

un pequeño virus — en los órganos vitales —
una astilla, en los pulmones —

la obstrucción — de una arteria —
son escasamente considerados — males —

pero potentes — en relación
a esa irrevocable cosa —
un ser — impotente de sucumbir —
una vez que ha empezado —

c. 1862

566

Un moribundo tigre — lloraba por beber —
yo busqué por toda la arena —
y conseguí el agua de una roca
la llevé en mi mano —

sus tremendos testículos — enhiestos en la muerte —
pero buscando — yo podía ver
una visión en la retina
de agua — y de mí —

no fue mi culpa — si acudí despacio —
no fue su culpa — si murió
cuando lo estaba alcanzando —
pero era — el hecho de que estuviera muerto —

c. 1862

568

Aprendimos el amor perfecto —
el alfabeto — las palabras —
un capítulo — luego el libro extraordinario —
luego — la revelación concluyó —

pero en los mutuos ojos
una ignorancia se avistó —
más divina que la de la infancia —
y cada uno para cada uno, un niño —

trató de exponer
lo que ninguno — comprendió —
¡ay! ¡que la sabiduría es tan grande —
y la verdad — tan diversa!

c. 1862

569

Yo cuento — si se me ocurre contar —
primero — poetas — después el sol —
después el verano — después el cielo de Dios —
y luego — la lista está hecha —

pero, reconsiderando — lo primero parece
contener el conjunto —
los otros parecen una ociosa representación —
por eso escribo — poetas — todo —

sus veranos — duran un año entero —
pueden disponer de un sol
el Este — se consideraría extravagante —
y si un futuro cielo —

es hermoso como ellos lo preparan
para quienes los adoran —
es una difícil gracia —
justificar el sueño —

c. 1862

575

El "Cielo" tiene distintos signos — para mí —
a veces, pienso que el día
no es sino el símbolo de ese lugar —
y cuando de nuevo, al alba,

una extensa mirada recorre el mundo
y se detiene en las colinas —
la angustia de que pudiera ser así
en la ignorancia se introduce —

el vergel, cuando lo baña el sol —
y el triunfo de los pájaros
cuando juntos celebran su victoria —
algunos carnavales de nubes —

el arrobamiento de un día terminado —
que vuela hacia el occidente —

todo eso — recuerda aquel lugar
que llaman el "Paraíso" —

que sea más hermoso — lo suponemos —
pero cómo nosotros mismos, seremos
ataviados, para la gracia divina —
nuestros ojos aún no lo ven —

c. 1862

579

Tuve hambre, muchos años —
y el mediodía mío llegó — y su almuerzo —
temblando me acerqué a la mesa —
y toqué el extraño vino —

todo esto sobre mesas había visto —
cuando hambrienta, volvía a casa
miraba por las ventanas, el lujo
que no podía pretender — para mí —

no reconocí el enorme pan —
tan diferente de las migajas
que mis pájaros y yo, compartíamos
en el comedor — de la naturaleza —

la abundancia me dolió — tan nueva —
yo misma me sentí enferma — y extraña —
como una fresa — de las montañas —
trasplantada — en la ruta —

tampoco tenía hambre — descubrí
que el hambre — era un estado
que tiene la gente afuera de las ventanas —
y que al entrar — lo pierde —

c. 1862

580

Me entregué a él —
él se entregó a mí, en pago,
el solemne contrato de una vida
fue ratificado, de este modo —

la riqueza puede desencantar —
yo misma revelé más pobreza
de la que este comprador sospechaba,
el diario dueño — del amor

desestima la fantasía —
hasta que el negociante compre —
este apólogo — en las islas de las especias —
el sutil cargamento — que duerme —

por lo menos — es un riesgo — mutual
algunos — piensan — ganancia mutual —
dulce deuda de la vida — cada noche ser deudor —
insolvente — cada mediodía —

c. 1862

581

Encontré las palabras para cada pensamiento
que siempre tuve — menos una —
y esto — me desafía —
como una mano que trata de tachar el sol

a razas — nutridas en la oscuridad —
¿cómo podía la tuya — empezar?
¿puede la llama mostrarse en la cochinilla —
o el mediodía — en el mazarino?

c. 1862

585

Me gusta verlo lamer las millas —
y sorber los valles —
detenerse y alimentarse en los tanques —
y luego — prodigioso — pasar

rodeando una cadena de montañas —
arrogante —
curiosear en las cabañas a orillas de los caminos —
luego recortar una cantera

para acomodar sus costados
arrastrarse
y quejándose continuamente con terribles —
estrofas ululantes —
perseguirse a sí mismo cuesta abajo —

relinchando como Boanerges —
luego — puntual como una estrella
detenerse — dócil, omnipotente
a la puerta de su establo —

c. 1862

590

Alguna vez te detuviste en la boca de una caverna —
alejada del sol —
y miraste — y temblaste, y retuviste tu respiración —
y te creíste sola

en semejante lugar, qué horror,
¿qué duende sería —
y volara, como si te persiguiera?
Así es la soledad —

alguna vez miraste en la faz de un cañón —
entre su ojo amarillo —
y el tuyo — el juicio interviniendo —
en la interrogación tener que "morir" —

de improviso en tu oído
indiferente como el tamborileo de un sátiro —
lo recordarás, y te salvarás —
idéntico a esto — me parece —

c. 1862

593

Creo que yo estaba embrujada
cuando era al principio una oscura muchacha —
leí que esa forastera dama —
la oscura — se sentía hermosa —

y si la mañana era la noche —
o solo el cielo — mediodía —
pues todas las locuras de la luz
no tenía el poder de decir —

las abejas — se tornaron en mariposas —
las mariposas en cisnes —
se acercaron — y aguijoneaban el corto pasto —
justo los más pequeños cantos

la naturaleza murmuró a sí misma
para permanecer alegre —
la vi como gigante — practicando
óperas titánicas —

los días — en grandes metros caminaron —
las más simples casas — adornadas
como si un jubileo
se hubiera confirmado —

podría no haber definido el cambio —
conversión de la mente
como santificar en el alma —
el testigo — no explicado —

era una divina locura —
el peligro de estar sano
si ganara experiencia —
el antídoto del cambio —

en volúmenes de sólidas brujerías —
los magos están dormidos —
pero la magia — tiene su elemento
como la deidad — para atesorar —

c. 1862

594

La batalla disputada entre el alma
y ningún hombre — es la única
de todas las batallas que prevalece —
mucho más que la más grande —

no hay noticias de ella en el extranjero —
su campaña incorpórea
se establece, y confina —
invisible — desconocida —

ninguna historia — la registra —
como legiones de la noche
el amanecer la dispersa — éstas resisten —
promulgan — y limitan —

c. 1862

598

Tres veces — nos separamos — mi respiración — y
[yo —
tres veces — no quiso irse —
pero trató de agitar el moribundo abanico
el agua — trató de quedar.

Tres veces — la oleada me sostuvo —
luego me tomó — como una pelota —
luego puso azules caras en mi cara —
y levantó el velamen
todo esto nadó leguas afuera — me gustó ver —
pensar — cuando muero —
qué lindo entrever algo
donde hay caras humanas —

las olas se adormecieron — la respiración — no —
los vientos — como niños — arrullaron —
luego el sol naciente besó mi crisálida —
y me puse de pie — y renací —

c. 1862

600

Antes me perturbaba —
pues yo fui una vez una niña —
conjeturar cómo un átomo — caía —
y sin embargo los cielos — no —

los cielos pesaban mucho más —
azules — y sólidos — permanecían —
sin un perno — que yo pudiera comprobar —
¿podrían los gigantes — comprender?

La vida presentó más grandes — problemas —
algunos guardaré — para resolver
hasta que el álgebra sea más fácil —
o más simplemente probado — arriba —

y luego también — ser comprendida —
qué dolor — me confundía —
por qué el cielo no se rompía —
y caía — azul — sobre mí —

c. 1862

601

Una tranquila — vida — de volcán —
que aleteaba en la noche —
cuando estaba lo bastante oscura
sin una borrosa visión —

una quieta — temblorosa tierra —
demasiado sutil para sospechar
por su naturaleza de este lado de Nápoles —
que el norte no puede detectar

el solemne — tórrido — símbolo —
los labios que nunca mienten —

cuyos corales sibilantes se abren — y cierran —
ciudades — que se trazuman —

c. 1862

602

De Bruselas — no era —
¿de Kidderminster? tampoco —
los vientos lo compraron en los bosques —
ellos — me lo vendieron a mí

era de un precio leve —
el más pobre — que se puede hallar —
estaba dentro del sobrio monedero
del mendigo — o del pájaro —

de pequeños y fragantes metros —
de color — suave pardo —
de sol — agostado — tranquilo —
pero principalmente — de sol —

el viento — lo desenrolló rápidamente —
lo estiró en el suelo —
funda del anhelo — es él —
funda — del estanque —

c. 1862

605

La araña sostiene una pelota de plata
en desapercibidas manos —
y danzando suavemente sobre sí misma
su hilado de perlas — desovilla —

aplica nudo tras nudo —
en insubstancial labor —
suplanta nuestro tapiz con el suyo —
en la mitad de tiempo —

una hora en cultivar
sus continentes de luz —
luego penden de la escoba del ama de casa —
sus confines — olvidados —

c. 1862

608

¡Asustada! ¿De quién estoy asustada?
de la muerte no — pues ¿quién es?
¡El portero del despacho de mi padre
me intimidaba más!

¿De la vida? Sería extraño que tema una cosa
que me sucedió
en una o dos existencias —
como un decreto divino —

¿De la resurrección? ¿El Este
tiene miedo de confiar en la mañana
con su fastidiosa frente?
¡Que se encauce más bien mi corona!

c. 1862

609

Años estuve lejos de mi casa
y ahora ante la puerta
no me atrevo a entrar, no sea que una cara
que nunca vi antes

clavé su vista imperturbable en la mía
y pregunté cuál era mi ocupación ahí —
"¿Mi ocupación?" más bien "¿la vida que he dejado
seguiría permaneciendo ahí?"

Me demoré sobre mi asombro —
me demoré en el pasado —
ese momento como un océano zumbó
y se quebró contra mi oído —

reí una desgarrada risa
que pudiera tener miedo a una puerta
que la consternación urdía
y nunca reviviera de nuevo.

Coloqué la traba
mi mano, temblando de aplicación

no fuera que la horrible puerta se abriera de golpe
y me volteara al suelo —

luego retiré mis dedos
cuidadosamente como de vidrio
y protegí mis orejas, y como un ladrón
huí jadeante de la casa—

c. 1862

611

Te veo mejor — en la oscuridad —
no necesito una luz —
mi amor por ti — un prisma es —
que supera el violeta —

te veo mejor por los años
que se codean entre ellos —
la lámpara del minero — es suficiente
para anular la mía —

y en la tumba — te veo mejor —
sus pequeños paneles
ardiendo — todo rojo — con la luz
que yo sostenía tan alto, por ti —

no es necesario el día —
para aquellos cuya oscuridad — tiene tanto — insu-
[perable sol —

¿se puede considerar — continuamente —
en el meridiano?

c. 1862

612

Hubiera matado de hambre a un mosquito —
vivir tan estrechamente como yo —
y yo era un ser viviente —
necesitado de alimento

pesaba sobre mí — como una garra —
que no me soltaba
como una sanguijuela que no se desprende —
o un dragón inmutable —

como el mosquito — yo no tenía —
el privilegio de volar
y buscar comida —
cuánto más poderoso era —

yo no tenía tampoco — el arte
sobre el vidrio de la ventana
de impulsar mi pequeño ser afuera —
y no empezar — de nuevo —

c. 1862

613

Me encerraron en la prosa —
como en la infancia
me encerraron en el baño —
porque me querían "quieta" —

asimismo podían atisbarme —
ver mi mente — revolotear —
podrían de igual modo encerrar un pájaro
por traición — en la prisión —

a él le basta querer
y desenvuelto como una estrella
abolir su cautividad —
y reír — más no puedo yo —

c. 1862

617

No retiren mis hilos ni aguja —
empezaré a coser
cuando los pájaros empiezan a silbar —
mejores puntadas — son —

éstas estaban dobladas — mi vista se torcía —
cuando mi mente — está lúcida
haré costuras — que el anhelo de una reina
no se ruborizaría de poseer —

ribetes — demasiado finos para que la puntada de
[una dama
consiga el nudo invisible —
alforzas — de minuciosa distribución —
como un punto de pintitas —

dejen mi aguja en la costura —
donde la dejé —
puedo hacer puntadas de zig-zag
derechas — cuando estoy fuerte —

hasta entonces — soñando estoy cosiendo
busquen la costura que omití —
más cerca — de modo que — durmiendo —
conjeture que todavía estoy cosiendo —

c. 1862

623

Era demasiado tarde para el hombre —
pero temprano, aún, para Dios —
la creación — impotente para ayudar —
mas la oración — permaneció — a nuestro lado —

qué excelente el cielo —
cuando la tierra — no puede pertenecernos —
qué hospitalable — la cara
de nuestro viejo vecino — Dios —

c. 1862

624

Siempre — está hecho de ahoras —
es el mismo tiempo —
salvo para el infinito —
y el inmenso espacio —
de nuestra experiencia aquí abajo —
a aquélla — saquen las fechas —
que los meses se fundan en meses —
que los años — en años se exhalen —
sin luchas — ni detenciones —
sin días de fiesta —
y nuestros años serían iguales
a los del Señor —

c. 1862

625

Fue una larga despedida — pero la hora
para la entrevista — había llegado —
ante el trono del juicio de Dios —
la última — y por segunda vez

esos descarnados amantes encontraron —
un cielo en la mirada —
un cielo de cielos — el privilegio
de unos ojos en los otros ojos —

no hay tiempo en la vida — en ellos —
aparejados como los nuevos

prenatales — excepto que habían entrevisto —
nacidos infinitamente más — ahora —

¿hubo nupcias — alguna vez como ésta?
Un Paraíso — el huésped —
y querubín — y serafín —
y el discreto convidado —

c. 1862

628

Me llamaron a la ventana,
"Es el crepúsculo" — alguien dijo —
yo sólo vi una granja de zafiro —
y un solo hato —

de ganado opalino — pastando a lo lejos
en una desvanecida colina —
tan llana cuando yo miraba — tan disuelta
ni ganado había — ni tierra —

pero en su lugar — un mar — desplegándose —
y barcos — de un tamaño
que sólo las montañas — pueden proporcionar —
y cubiertas — para fijar los cielos —

esto — también — lo borró el director de espec-
[táculos —
y cuando volví a mirar —

ni granja — quedó — ni ganado opalino —
ni Mediterráneo —

c. 1862

Es verdad — nuestros futuros yacen diferentes —
tu cabaña — miraba al sol —
mientras océanos — y el norte se encuentran —
a cada lado de la mía

es verdad, tu jardín está florido,
y el mío — en escarchas — sembrado —
asimismo, un verano, fuimos reinas —
mas tú — fuiste coronada en junio —

c. 1862

632

El cerebro — es más amplio que el cielo —
colócalos juntos —
contendrá el uno al otro
holgadamente — y tú — también —
el cerebro es más hondo que el mar —
retenlos — azul contra azul —
absorberá el uno al otro —
como la esponja — al balde —
el cerebro es el mismo peso de Dios —
pésalos libra por libra —
se diferenciarán — si se pueden diferenciar —
como la sílaba del sonido —

c. 1862

639

Mi destino es derrota — hoy —
una suerte más pálida que la victoria —
menos himnos — más campanas escasas —
los tambores no me siguen — con sonidos —
derrota — de algún modo más lenta — significa —
más arduas que bailes —

poblados de huesos y manchas —
y hombres demasiado rígidos para agacharse de
[nuevo,
y pilas de sólidos lamentos —
y briznas de desconciertos — en aniñados ojos —
y fragmentos de oraciones —
y sorpresa de muertes,
visibles estampadas — en piedra —

hay algo en alguna parte más soberbio, más allá —
los clarines lo dicen al aire —
qué diferente es la victoria
para el que la tiene — y para el otro
que de haberla tenido, estaría
más dichoso — de morir —

c. 1862

640

Yo no puedo vivir contigo —
sería la vida —

y la vida está ahí —
detrás de los anaqueles

el sacristán guarda las llaves para —
alojar bien
nuestra vida — su porcelana —
como una taza —

apartada por el ama de casa —
primorosa — frágil —
una nueva Sèvres convendría —
las viejas se rompen —

no podría morir — contigo —
pues uno tiene que esperar
para cerrar las miradas —
tú — no podrías hacerlo —

y yo — ¿podría detenerme a tu lado
y verte — frío —
sin mi derecho a la congelación —
privilegio de la muerte?

No podría elevarme — sin ti —
porque tu faz
borraría la de Jesús —
esa nueva gracia

ardiendo simplemente — y extraña
en mis nostálgicos ojos —

excepto que tú y El
brilláis más cerca

nos juzgarían — cómo —
pues tú — serviste al cielo — lo sabes,
o trataste —
yo no pude —

porquè saturaste la vista —
y yo no tenía más ojos
para sórdida excelencia
como el Paraíso

y si estuvieras perdido — y yo también —
aunque mi nombre
resonara más
en la fama del cielo —

y si te salvaras —
y yo — condenada estaría
donde tú no estuvieras —
ese yo mismo — sería infierno para mí —

de modo que debemos unirnos separados —
tú ahí — yo — acá —
con la puerta apenas entreabierta
que océanos hay — y oraciones —
y ese puro sustento —
desesperación —

c. 1862

642

Yo de mí misma — expulsarme —
si tuviera ese arte —
invencible mi fortaleza
dentro del corazón —

mas ya que a mí misma — me asalto —
¿qué paz tener
excepto subyugando
mi conciencia?

Mas ya que somos mutuales monarcas
¿cómo podría hacerlo
excepto por abdicación —
yo — de mí?

c. 1862

644

Me has dejado — Señor — dos legajos —
un legajo de amor
un Padre Celestial hubiera bastado
de habérselo ofrecido —

me has dejado confines de dolor —
vastos como el mar —
entre la eternidad y el tiempo —
tu conciencia — y yo —

c. 1862

646

Yo pienso que vivir — podrá ser una dicha
para los que se atreven a probarla —
más allá de mi límite de concebir —
mi labio — puede testificarlo —

yo pienso que el corazón que antes usaba
podía enancharse — hasta que para mí
el otro, como un pequeño banco
aparece — sobre el mar —

yo pienso que los días — podrían cada uno
en orden estar —
y la majestad — ser más fácil —
que una clase inferior —

ninguna muda alarma — si diferencias sobrevienen —
ningún gnomo — entre flores —
ni la aparición en aprehensivos oídos,
ninguna quiebra de banco — ninguna ruina —

pero certidumbres del sol —
solsticios de verano — en la mente —
un inmutable sur sobre el alma —
su polar tiempo — detrás —

la visión — se demoró largamente —
tan plausible se volvió
que yo estimo la ficción — real —
y lo real — ficción me parece —

qué generoso el sueño —
qué profusión — sería —
si toda mi vida hubiera sido sólo equivocación
y rectificada — en ti

c. 1862

652

La cárcel se torna amiga —
entre su poderosa faz
y la nuestra — una fraternidad expresa —
y en sus entrecerrados ojos —

llegamos a mirar con gratitud
el señalado rayo de luz
que nos da — lo que es nuestro alimento —
hambriento nos vuelve — del mismo modo —

aprendemos a conocer tablones —
que responden a nuestros pies —
miserable sonido — al principio —
y nunca como ahora — tan dulce —

como zambullidas en un estanque —
cuando la memoria era un niño —
en un más íntimo recinto —
una geométrica alegría —

la posición de la llave
que interrumpe el día

para nuestro propósito — no tan real
el descaro de la libertad —

como este fantasma de acero —
cuyas fisionomías — día y noche —
están presentes — como las nuestras —
y tan ineludibles —

el angosto círculo — la restricción —
el lento canje de esperanza —
por algo más pasivo — contento
demasiado empinado para mirar hacia arriba —

la libertad que conocíamos
evitada — como un sueño —
demasiado grande para una noche pero el cielo —
si eso — realmente — redime —

c. 1862

653

El ser es un pájaro
el más parecido al pichón
una leve brisa lo hace flotar
encima de todos los cielos —

se eleva — se desliza — gira —
se mide con las nubes

en fácil — parejo — deslumbrante andar —
no es diferente de otros pájaros —

sino por un despertar de música
que acompaña sus pies —
como emite el pichón una melodía —
por éxtasis — de él

c. 1862

654

Un largo — largo sueño — un célebre — sueño —
que no luce la mañana —
estirando las piernas — o moviendo los párpados —
un sueño independiente —

¿El ocio fue alguna vez como esto?
¿Sobre un banco de piedra
asolearse por los siglos —
y ni una vez buscar — más arriba el mediodía?

c. 1862

657

Vivo en posibilidades —
morada más hermosa que la palabra —
en ventanas más numerosa —
óptima — en puertas —

en reductos como los cedros —
inexpugnables al ojo —
para un techo imperecedero
los tejados del cielo —

visitas — las más preciosas —
ocupación — ésta —
extender bien abiertas mis angostas manos
para juntar el paraíso —

c. 1862

661

Si pudiera por lo menos andar indefinidamente
como la abeja de la pradera
y visitar solo lo que quiero
y que nadie me visite a mí

coquetear todo el día con los botones de oro
y casarme con quien quiera
y morar un poco en todas partes
o mejor, escaparme

sin que me persiga un policía
echarlo si lo hace
hasta que tuviera que atravesar penínsulas
para alejarse de mí —

yo dije "pero sólo ser una abeja"
sobre un soplo de aire

y remar a ninguna parte durante todo el día
y andar en el más allá

¡Qué libertad! De ese modo los cautivos lo pretenden
que están en calabozos.

c. 1862

662

Turbación de ambos
y Dios
es límite de revelación,
en voz alta
no hay nada primordial,
pero asimismo,
Divinidad mora bajo sello.

c. 1862

663

De nuevo — su voz a la puerta —
presiento al viejo graduado —
oigo que pregunta al criado
por alguien — como yo —

tomo una flor — en el camino —
para justificar mi cara —
nunca me vio — en esta vida —
¡asombraría sus ojos!

Yo cruzo el hall con pasos enredados —
yo silenciosa — abro la puerta —
Miro por encima todo lo que contiene el mundo —
¡veo sólo su cara — nada más!

Hablamos con despreocupación — a la ligera —
una suerte de tono con lastre —
cada uno — insinuando — tímidamente —
solo — cuán — profundos —
los otros — habían sido —

caminamos dejo mi perro — en casa —
una tierna — pensativa luna
nos acompaña — sólo un pequeño trecho —
y — luego — estamos solos —

solos — si los ángeles están "solos" —
¡la primera vez prueban el cielo!
solos — si esos "velados rostros" — están —
¡no podemos contar — allá arriba!

Yo daría — por vivir esa hora — de nuevo —
la púrpura — en mi vena —
pero él tiene que contar las gotas — él mismo —
¡mi precio por cada mancha!

c. 1862

666

¡Ah, Tenerife!
¡Retirada montaña!
edades de púrpura — pausa para ti —
poniente — revisa sus zafiros regimientos —
¡el día — deja caer su colorado adiós!

Aún — vestida en tu armadura de hielo —
muslo de granito — tendón de acero —
despreocupado — de pompas — partiendo

¡Ah, Tenerife!
Todavía — estoy arrodillada —

c. 1863

668

Naturaleza es lo que vemos —
la montaña — el poniente —
la ardilla — el eclipse — el abejorro —
no — naturaleza es el cielo —
naturaleza es lo que oímos —
el Bobolink — el mar —
el trueno — el grillo —
no — naturaleza es la armonía —
naturaleza es lo que sabemos —
no tenemos arte para decirlo —
tan impotente es nuestra sabiduría
para tanta simplicidad.

c. 1863

670

No es necesario ser un cuarto — para estar embru-
[jado —
ni una casa —
el cerebro tiene corredores — que superan
los lugares materiales —

vale más encontrar a medianoche
una fantasma visible
que afrontar en el interior —
ese huésped más helado.

Vale más atravesar galopando una abadía
apedreado —
que encontrarse a sí mismo desarmado —
en un lugar solitario —

Ese uno mismo, detrás de uno mismo oculto —
debe sobrecogernos más —
el asesino escondido en nuestro apartamento
será un menor horror.

El cuerpo — busca un revólver —
pone cerrojo a la puerta —
presintiendo un fantasma superior —
o más —

c. 1863

673

El amor que una vida puede demostrar acá
es un mero filamento, yo conozco,
de esa divina cosa
que desfallece en la faz del mediodía —
golpea la yesca del sol —
que se opone a las de Gabriel —

es esto — en música — que alude y oscila —
y allá a lo lejos en días de verano —
destila incierta pena —
es esto que enamora en el este —
y tiñe el tránsito del oeste
con inquietante yodo —

es esto — que invita — consterna — entrega —
vuela — relumbra — prueba — disuelve —
vuelve — persuade — condena — encanta —
luego — precipita en el Paraíso —

c. 1863

674

El alma que tiene un huésped
raramente viaja afuera —
mas divina compañía en casa —
oblitera la necesidad —

y la cortesía prohíbe
la partida del huésped cuando

por encima de él está la visita
del emperador de los hombres —

c. 1863

679

En mi aposento, consciente estoy
de un incorpóreo amigo —
no se revela por su postura —
ni lo confirma — su palabra —

ni el lugar — no necesito presentarlo —
mas correcta cortesía
acogedora intuición
de su compañía —

presencia — es su más gran licencia —
ni él para mí
ni yo misma para él — por acento —
enajenar la probidad —

el hastío de él, sería más pintoresco
que monótono
conocer una partícula — de la vasta
sociedad del espacio —

ni siquiera si él visita a alguien —
él morará — o no — lo sabré yo —
mas la intuición estima en él
inmortalidad —

c. 1863

682

Aliviaría — a una mariposa —
exaltaría — a una abeja —
no eres ninguna de ellas —
tampoco — tu capacidad —

pero si yo fuera florecimiento,
prerferiría
tu momento
a la eternidad de una abeja —

contento de desvanecerme
es bastante para mí —
desvanecerme en la divinidad —

muriendo — toda la vida —
amplia como la vista —
ser su menor atención elevada en mí —

c. 1862

683

El alma para sí misma
es una imperial amiga —
o la más agónica espía —
que un enemigo — podría mandarle —

segura de sí misma —
ninguna traición — teme —

siendo soberana — de sí misma
el alma quedaría anonadada —

c. 1862

686

Dicen que el "tiempo aplaca" —
el tiempo nunca aplacó —
un actual sufrimiento fortalece
como los tendones, con la edad —

el tiempo es una prueba del dolor —
pero no un remedio —
si esto se prueba, esto prueba también
que no había una enfermedad —

c. 1863

690

La victoria llega tarde —
y se ofrece estrecha a labios helados —
endurecidos con el hielo —
para tomarlo —
qué dulce hubiera sido el gusto —
de una sola gota —
¿Dios fue tan económico?
Sus mesas demasiado altas para nosotros —
preparadas
a menos que cenemos en puntas de pie —

migajas — llenan una boca tan chica —
cerezas — para pechicolorados —
el águila con un dorado desayuno se estrangula —
Dios reserva su promesa a los gorriones —
que de poquito amor — saben morir de hambre —

c. 1863

692

El sol del ocaso permanecía — permanecía — aún
ningún tinte de la tarde —
sobre el pueblo percibí —
de casa en casa era mediodía —

la oscuridad permanecía cayendo — cayendo — aún
ningún rocío sobre el pasto —
sino sólo de mi frente —
se extendió sobre mi faz —

mis pies adormeciéndose — adormeciéndose — aún
mis dedos estaban despiertos —
¿mas por qué tan poca resonancia — yo misma
dentro de mi ser — sentí?

Reconocía la luz anterior —
podía verla ahora —
esto es morir — lo estoy haciendo — pero
no tengo miedo de saberlo —

c. 1863

696

Su altura en el cielo no reconforta —
su gloria — no es nada para mí —
era mejor imperfección — como era —
soy limitada — no puedo ver —
la casa de lo hipotético —
la brillante frontera que
orilla las hectáreas del tal vez —
para mí — es insegura —

la fortuna que yo tenía — me contentaba —
si era de menor tamaño —
que yo la había calculado
hasta que agradó a mis restringidos ojos —

mejor que mayores valores —
que se exhiben sin embargo ciertos —
esta tímida vida de la evidencia
permanece rogando — "y no sé".

c. 1863

697

Podría traerte joyas — si me lo propusiera —
pero bastantes tienes —
podría traerte esencias de Santo Domingo —
colores — de Vera Cruz —

tresas de las Bahamas — tengo —
pero esta trémula llamita
meciéndose — en la pradera —
me agrada — más que esas otras —

nadie encontró un topacio igual —
sus oscilaciones de esmeralda —
dote natural — para Bobadillo —
¿algo mejor — podría traer?

c. 1863

699

El juez es como la lechuza —
oí decir a mi padre —
y las lechuzas habitan en los robles —
aquí hay un ambarino durmiente —

que se inclina en el sendero —
cuando voy al establo —
si te sirve de casa —
no estará en vano —
en cuanto al precio — es pequeño —
yo sólo pido una tonada
a medianoche — deja la lechuza elegir
su favorito refrán.

c. 1863

701

Un pensamiento subió a mi mente hoy —
que tuve hace un tiempo —
pero que no terminó — hace un tiempo atrás —
no podría fijar el año —

ni adónde fue — ni por qué vino
la segunda vez —
ni definitivamente, qué es lo que era —
si tuviera el arte de decirlo —

pero en alguna parte — en mi alma — yo sé —
que encontré todo eso antes —
simplemente me hizo recordar — fue todo —
y no volvió nunca más —

c. 1863

705

Suspenso — es más hostil que muerte
muerte — por grande que sea,
cs sólo mucrtc, y no puede crecer —
suspenso — no concluye —

perece — para vivir de nuevo —
pero sólo de nuevo para morir —
aniquilación — renovada
con inmortalidad —

c. 1863

712

Porque yo no podía detener la muerte —
bondadosa se detuvo por mí —
en el carruaje cabíamos sólo nosotros —
y la inmortalidad.

Lentamente avanzamos — sin apuro
yo puse de lado
mi labor y mi ocio,
por su cortesía —

pasamos por la escuela, donde jugaban
en el recreo — del patio — los niños.
Pasamos por los contemplativos pastos del campo —
pasamos por la puesta de sol —

o más bien — él nos pasó —
el rocío caía trémulo y frío —
pues sólo de gasa, mi vestido —
mi esclavina — sólo de tul —

nos detuvimos ante una casa que parecía
una protuberancia de la tierra —
el techo apenas visible —
la cornisa — en el suelo —

desde entonces — siglos pasaron — y aún
me parece más corto que aquel día

en que por primera vez intuí que las cabezas de los [caballos
apuntaban a la eternidad —

c. 1863

713

Fama mía, para justificar,
todo el resto de aplausos
superfluos — inciensos
más allá de la necesidad —

fama mía de carecer —
aunque mi nombre sea último —
esto sería un honor sin honor —
una fútil diadema —

c. 1863

714

Descansa en la noche
del sol su brillo,
la naturaleza — y algunos hombres —
descansan a mediodía —
cuando la naturaleza
y el sol — siguen adelante —

c. 1863

716

El día se desvistió — a sí mismo —
sus ligas — eran de oro —
su enagua — de púrpura sencilla
su tejido de algodón — tan viejo

exactamente — como el mundo —
y asimismo la más nueva estrella —
enrolada sobre el hemisferio
es tan arrugada — como ella —

demasiado cerca de Dios — para rezar —
demasiado cerca del cielo — para temer –
la dama del occidente
se retiró sin cuidado —

su candil lentamente expiró
su resplandor se vio
sobre el mástil del Bósforo —
en la cúpula — y vidrios de ventanas —

c. 1863

718

Pensaba encontrarla cuando vine —
la muerte — tuvo la misma intención —
pero el éxito — fue suyo — parece —
y la renuncia mía —

quería decirle cuánto la añoraba
por esta única vez —
pero la muerte ya se lo había dicho antes —
y ella se fue, acompañándola —

Vagar — ahora — es mi reposo —
descansar — descansar sería
un privilegio de huracán
para la memoria — y yo.

c. 1863

722

Dulces montañas — no me mientan —
nunca me engañen — nunca vuelen —
los mismos invariados ojos
me miren — cuándo desfallezco — o finjo,
o adopto los reales nombres en vano —
sus lejanas — lentas — violetas miradas —

mis robustas madonas — amen aún —
esa díscola monja — debajo de la montaña —
cuya liturgia — te dedica —
su última adoración — cuando el día
se desvanece del firmamento —
para levantar su rostro hacia ti —

c. 1863

724

Inventar una vida es fácil
Dios lo hace — todos los días —
creación — pero el brinco
de su autoridad —

es fácil de borrar —
su floreciente deidad
escasamente podría otorgar eternidad
a la espontaneidad —

los efímeros modelos murmuran —
pero su imperturbable plan
procede — insertando acá — un sol —
allá — dejando afuera a un hombre —

c. 1863

725

Donde Tú estás — eso — es mi hogar —
Cachemira — o calvario — es lo mismo —
rango — o vergüenza —
apenas aprecio el nombre de la localidad —
de este modo podré llegar —

lo que haces — es deleite —
esclavitud como juego — es dulce —
estar aprisionado — un contento —

y palabras — sacramento —
sólo nosotros dos — nos encontramos —

donde no estás — es dolor —
aunque bandas de especias — naveguen —
lo que Tú no haces — desesperar —
aunque Gabriel — me halague — Señor —

c. 1863

726

Sediento al principio — es el acto de la naturaleza —
después — cuando morimos —
un poquito de agua suplicamos —
a unos dedos que pasan —

intima una ansiedad sutil —
cuyo adecuado suministro
es el agua inmensa del oeste —
llamada inmortalidad —

c. 1863

727

Preciosa para mí — ella todavía será —
aunque olvide el nombre que llevo —
la moda de mi vestido —
el verdadero color de mi pelo —

del color de la salvia — ahora —
me atreví a mostrar una de sus trenzas
felizmente — para que no pudiera desdeñar
la vestimenta de los botones de oro —

yo sé que un todo — oscurece una parte —
la fracción — que calmó el corazón
hasta que el imperio de los números —
recordados — como las flores de los sombreros

cuando la perenne dote del verano —
confronta la deslumbrada abeja.

c. 1863

729

¡Alterar! Cuando las montañas lo hacen —
¡Titubear! cuando el sol
cuestiona si su gloria
es la más perfecta —

¡Saciarse! cuando el Narciso
lo hace del rocío —
aún como él mismo — Señor —
lo haré — de ti —

c. 1863

736

Habrá alguien como yo misma
investigando marzo,
nuevas casas en las montañas divisadas —
y posiblemente una iglesia —

que no estaban, lo sabemos —
tan recientemente como la nieve —
y están hoy — si existimos —
¿bien podría esto ser así?

Habrá alguien como yo misma
investigando quiénes podrían ser
los habitantes de estas moradas —
tan naturales para el cielo —

parecería que Dios tendría que ser
el vecino más cercano —
y el cielo — una conveniente gracia
para espectáculos, o visitantes —

habrá alguien como yo misma
manteniendo el encanto seguro
ocultando minuciosamente el lugar
en todas las estaciones del año,

excepto marzo — es entonces
cuando mi pueblo se ve —
posiblemente su campanario —
y no después — sus hombres —

c. 1863

737

La luna era sólo un mentón de oro
hace una o dos noches —
y ahora asoma su perfecta cara

abajo sobre el mundo —
su frente amplia blonda —
su mejilla — labrada en berilo —
sus ojos lo más parecido al rocío de verano

que jamás he conocido —
sus labios de ámbar nunca se abren —
pero cómo será la sonrisa
que a un amigo puede conferir
si así es su argentado deseo —
y qué privilegio de ser
la más remota estrella —
seguramente tomará su camino
junto a tu puerta de palacio —

su sombrero es el firmamento —
el universo — su calzado —
las estrellas — los dijes del cinturón —
su atavío — el azul —

c. 1863

738

Dijiste un día que yo era grande —
grande seré — si te alegra —

o pequeña — o de cualquier tamaño —
tendré la estatura que te agrade —

alta — como el ciervo — ¿convendrá?
o más baja — como el reyezuelo —
¿o de otras alturas que en los otros
he visto?

Dímelo — es tedioso adivinar —
si tengo que ser rinoceronte
o rápidamente
laucha

dímelo — soy reina —
o paje — para complacerte —
lo soy — o nada —
o algunas otras cosas — si las hay —
con una sola condición —
agradarte —

c. 1863

739

Muchas veces pensé que la paz había llegado
cuando la paz estaba muy lejos —
como los náufragos — creen que ven la tierra —
en el centro del mar —

y luchan más débilmente — sólo para probar
tan desahuciadamente como yo —

cuantas ficticias costas —
antes del puerto hay —

c. 1863

740

Me enseñaste a esperar de mí misma —
compromisos estrictamente cumplidos —
me enseñaste la fortaleza del hado —
esto — también — lo he aprendido —

una elevación de la muerte, que no puede
excluir de la vida más amargura
que la vida — ha hecho — antes —
asimismo — hay otra ciencia —

el cielo que conoces — comprender
que no estás avergonzado
de mí — en la brillante audiencia de Cristo
siguiendo su mano —

c. 1863

744

Remordimiento — es memoria — despierta —
sus partidarios todos activos —
una presencia de desaparecidos actos —
en la ventana — en la puerta —

su pasado — extendido ante el alma
e iluminado con un fósforo —
lectura cuidadosa — para facilitar —
y ayudar la fe para extenderse —

remordimiento es una incurable — enfermedad
ni siquiera Dios — puede curarla —
pues es su institución — y
el idóneo del infierno —

c. 1863

745

Renunciación — es una penetrante virtud —
es dejar que se vaya
la presencia — por una expectativa —
no ahora —
retirar los ojos —
el amanecer —
no sea que el día —
el gran progenitor —
sobreviva
renunciación — es elegir
en contra de sí mismo —
para justificarse
a sí mismo —
cuanto más grande el acto —
hace que aparezca —
más pequeña — la oculta visión — Aquí —

c. 1863

753

Mi alma — me acusó — y yo me acobardé —
como lenguas de diamante me vilipendiaba
todos los otros me acusaban — y sonreí —
mi alma — esa mañana — era mi amiga —

su favor — es el mejor desdén
hacia el artificio del tiempo — o de los hombres —
pero su desdén — más leve hubiera sido
que un dedo de fuego esmaltado —

c. 1863

754

Mi vida fue siempre — un arma cargada —
en rincones — hasta que un día
el dueño pasó — identificado —
me llevó —

y ahora vagamos por enorme bosques —
y ahora — cazamos la gacela —
y cada vez que hablo en nombre de El —
las montañas en seguida contestan —,

y si yo sonrío, una luz cordial
sobre el valle relumbra —
como si una cara vesubiana
hubiera dejado todo su goce —

y cuando por la noche — el día temina —
vigilo la cabeza de mi amo —
es mejor que la profunda almohada
compartida — del pato Eider —

del enemigo de El — soy mortal enemigo —
nadie se atreve una segunda vez —
cuando les clavo — mi amarilla mirada —
o mi enfático pulgar —

aunque yo más que él — podría vivir
él tiene que vivir — más que yo —
pues yo sólo tengo el poder de matar,
sin el poder de morir —

c. 1863

756

Tuve una bendición mayor que todas
tan superior a mis ojos
que renuncié colmada ya a sumarla —
ante el vasto encantamiento —

era el límite de mi sueño —
el foco de mi oración —
una perfecta — paralizante dicha —
satisfecha como la desesperación —

no supe más de necesidad — ni de frío —
habiéndose en fantasmas convertido

por este nuevo tesoro en el alma —
suprema suma terrenal —

el cielo arriba el cielo abajo —
intensificado de rubicundo azul —
latitudes de la vida — se inclinaron al máximo —
el juicio pereció — también —

el arrobamiento mal pagado — por qué
el edén postergado — por qué
servirnos a nosotros diluvios — en tazas — por qué
he terminado de reflexionar —

c. 1863

757

Las montañas — crecen inadvertidas —
sus púrpuras figuras se elevan
sin tentativa — agotamiento —
asistencia — o aplauso —

en sus eternas faces
el sol — con justo deleite
busca larga — y final — y dorada
confraternidad — de noche —

c. 1863

758

Estos — vieron visiones —
enciérralos suavemente —
éstos — tenían hoyuelos —
acarícialos lentamente —
éste — dirigió acento de despedida —
raudamente — dulce boca — para extrañar tanto —

éste — acariciamos —
innumerable satén —
éstos — tuvimos entre los nuestros —
dedos de la esbelta aurora —
no tan arrogante — en el mediodía —
éstos — conciliados — corrieron a nuestro encuen-
[tro —
perla — por medias — perla por zapato —
paraíso — el único palacio
adecuado para su acogida — ahora —

c. 1863

760

Más me conmovió su mutismo —
más me conquistó su modo
de presentar su pequeña figura —
suplicando — por caridad —

si un mendrugo fuera mi fortuna —
si en la tierra hubiera hambruna —

si fuera mi recurso para no morir de hambre —
no podría negarme a aquella súplica —

no arrodillada para agradecerme
cayó esta mendiga del cielo —
pero el mendrugo compartido —
partió y volvió al más allá —

conjeturé — cuando de súbito
un exaltado cántico empezó
como si fuera el aire que cantara
a sí mismo — y a los hombres —

era la alada mendiga —
lo supe después
a su benefactor
dando gratitud

c. 1863

761

Del vacío al vacío —
y un descaminado camino
llevé mis mecánicos pies —
a parar — o perecer — o adelantar —
igualmente indiferente —

si un final alcancé
se termina más lejos

indefinida revelación —
cierro mis ojos — y trastabillo también
era más posible — ser ciego —

c. 1863

762

Todo no vino de golpe —
era un asesinato gradual —
una arremetida — luego para la vida una ocasión —
el arrobamiento para cauterizar —

el gato posterga la laucha
la suelta de sus dientes
justo lo bastante para que la esperanza la embrome —
después la aplasta en la muerte —

es la asignación de la vida — morir —
contenta más morir una vez —
que morir a medias — que revivir
en un consciente eclipse —

c. 1863

766

Mi fe es mayor que las montañas —
cuando las montañas declinan —
mi fe debe tomar la rueda púrpura
para mostrar al sol el camino —

primero él se posa sobre la veleta —
luego — sobre la montaña —
luego por el mundo va
a realizar su dorado deseo —

y si sus pies amarillos erraran —
el pájaro no se levantaría —
las flores dormitarían en sus tallos —
no habría paraíso para las campanas —

osaré yo restringir una fe
de la cual tanto depende —
no sea que el firmamento falle por mí —
el remache de la venda

c. 1863

768

Cuando yo esperaba, rememoro
el lugar exacto en que estaba —
en una ventana que daba al oeste —
el más áspero viento — era bueno —

ninguna ventisca podía morderme —
ningún hielo enfriarme —
la esperanza me daba calor —
no el chal de merino —

cuando yo temía — rememoro —
exactamente el día que era —

mundos yacían en el sol —
mas la naturaleza cómo se helaba —

carámbanos sobre mi alma
punzaban azul y frío —
pájaros repartían loas por todas partes —
sólo yo — estaba inmóvil —

y el día que desesperé —
esto — si lo olvido
la naturaleza sabrá — que era de noche
después que el sol se ha puesto —

oscuridad cruza su faz —
y le saca de su vista —
naturaleza vacila — ante
la memoria y yo —

c. 1863

777

La soledad no se atreve uno a nombrarla —
se podría más bien conjeturar
como en su tumba con la plomada
medir la profundidad —

la soledad cuya peor alarma
sería que ella misma pudiera ver —
y perecer frente a ella misma
sólo para un escrutinio —

el horror de no estar vigilado —
sino escondido en lo oscuro —
con la conciencia suspendida —
y bajo cerrojos —

temo que esto — es soledad —
el Hacedor del alma
sus cavernas, sus corredores
ilumina — o sella —

c. 1863

778

Esto que hace una hora — sería una bienvenida —
es ahora — extraña distancia —
si tuviera un huésped del Paraíso —
ni brillo, quisiera, ni reverencia —

si tuviera noticias del mediodía
ni lumbre quisiera ni calor —
apareja mi plateada reticencia —
apareja mi sólida calma —

c. 1863

780

La verdad — es inmutable —
otra fuerza — podrá parecernos variable —

ésta — es más digna de confianza —
cuando los viejos cedros se doblan —

y los robles entreabren sus puños —
y las montañas — débiles — se inclinan —
qué excelente es el cuerpo
que sin hueso se endereza

qué vigorosa una fuerza
que sin puntal se levanta —
la verdad se mantiene por sí misma — y todo hombre
que confía en ella — valiente se mantiene —

c. 1863

781

Esperar una hora — es mucho —
si el amor está más allá —
esperar la eternidad — es poco —
si el amor nos recompensa al final —

c. 1863

782

Hay un árido placer —
tan diferente de la alegría —
como la helada es diferente del rocío —
como elementos — son —

mas uno — regocija las flores —
y uno — las flores aborrece —
la miel más fina — cuajada —
es desdeñada — por la abeja —

c. 1863

783

Los pájaros empezaron a las cuatro —
el período del alba —
una música numerosa como el espacio —
pero aledaña al día —

no podía medir su fuerza —
sus voces se derrochaban
como arroyo al arroyo se entrega
para multiplicar el estanque.

Sus testigos no estaban —
excepto un hombre fortuito —
en casera vestimenta ataviado —
para enfrentar la mañana —

no era por aplausos —
que yo podía atestiguar —
sino por éxtasis independiente
de deidad y de hombres —

a las seis, el diluvio pasó —
ningún tumulto hubo

de vestimenta o de partida —
y asimismo la banda había volado —

el sol absorbió el este —
el día controló el mundo —
el milagro introducido
fue olvidado, cumplido.

c. 1863

788

Alegría de haber merecido la pena —
de merecer el perdón —
alegría de haber perecido paso a paso —
para alcanzar el Paraíso —

perdón — por contemplar tu faz —
con estos anticuados ojos —
mejores que nuevos — podrían ser — por eso —
aunque fueran comprados en el Paraíso —

porque te contemplaron antes —
y Tú los contemplaste —
pruébame — mis testigos castaños
que los rasgos son los mismos —

tan raudo eras, cuando presente —
tan infinito — cuando ausente —
una aparición de Oriente —
reclamada por el día —

la altura que recuerdo —
igual era a las montañas —
la profundidad sobre mi alma se hendió —
como diluvios — en blancuras de ruedas —

para hechizar — hasta que el tiempo deje caer
su última década,
y el hechizo se actualice — para durar
por lo menos — la eternidad —

c. 1863

789

En un yo columnario —
qué cómodo replegarse
en tumulto — o extremidad —
qué buena la certidumbre

que ninguna palanca puede forzar —
y ninguna cuña dividir
convicción — esa granítica base —
aunque nadie nos apoye —

suficiente nosotros — para una multitud —
nosotros — y rectitud —
y esa asamblea — no muy lejos
del espíritu más allá — Dios —

c. 1863

791

Dios dio un pan a cada pájaro —
pero una migaja — a mí —
no me atrevo a comerla — aunque muera de ham-
[bre —
mi punzante lujo —

tenerlo — tocarlo —
prueba la hazaña — que hizo el pan mío —
demasiado feliz — es mi suerte de gorrión —
para ambición más amplia —

puede haber hambruna — a mi alrededor —
podría no perder una espiga —
tanta abundante sonrisa en mi mesa —
tanta belleza luce mi granero —

me pregunto cómo los ricos — se hallarán —
el dueño de un barco mercante oriental—un conde—
yo pienso — con una sola migaja —
soy soberana de todos ellos —

c. 1863

793

El dolor es un ratón —
y elige el revestimiento del pecho
para su tímida casa —
y desconcierta las vigilancias —

el dolor es un ladrón — rápidamente alarmado —
aguza su oído — encargado de oír
la vasta oscuridad —
que impulsó su ser a volver —

el dolor es un juglar — valiente en el juego —
siempre que no vacile de miedo — el ojo de ese
[modo —
salta sobre sus magulladuras — uno — o digamos —
[tres —
el dolor es un goloso — escatima su lujo —

el mejor dolor no tiene lengua — antes de que ha-
[ble —
quémalo en la plaza pública —
sus cenizas — pueden
posiblemente — si rehúsan — cómo entonces sa-
[berlo —
ya que sus raptos no pueden articular una sílaba —
[ahora —
c. 1863

794

Una gota cayó en el manzano —
otra — en el techo —
media docena besó los aleros —
e hizo reír los gobletes —

algunas fueron a ayudar el arroyo
que fue a ayudar al mar —

yo misma conjeturé si fueran perlas —
qué collar podría ser —

el polvo devuelto, a la ruidosa ruta —
los pájaros jocosos cantaron —
el sol se retiró el sombrero —
los arbustos — lanzaron sus lentejuelas —

las brisas trajeron flautas desanimadas —
y las bañaron en júbilo —
luego el oriente mostró una sola bandera,
y finalizó la fiesta —

c. 1863

797

En mi ventana tengo por escenario
sólo un mar — con una rama —
si el pájaro y el granjero — lo jugaría un "pino" —
la opinión servirá — para ellos —

no tiene un puerto ni un "límite" — salvo los [grajos —
que rompen su camino al cielo —
o una ardilla, cuya trémula península
se alcanza tal vez más fácilmente — de este modo —

para el provinciano — la tierra es la parte inferior —
y la superior — es el sol —

y su comercio — si comercio tiene —
de especias — yo infiero del olor que se desprende —

de sus voces — para afirmar — cuando el viento
[está dentro —
¿pueden los mudos — definir lo divino?
La definición de la melodía — es —
que definición no hay ninguna —

sugiere — a nuestra fe —
sugiere a nuestra vista —
cuando esto último — se descarta
yo me encontraré con la convicción que encontré en
[alguna parte
esa inmortalidad —

¿era el pino en mi ventana un "tipo
del real" infinito?
Aprehensiones — son las introducciones de Dios —
para ser santficadas — en consecuencia —

c. 1863

799

La ventaja de la desesperación se logra
sufriendo — desesperación —
de estar asistido — por reveses —
uno tiene que haber conocido el revés —

el valor de sufrir como
el valor de la muerte
se conoce probándolo —
no lo puede otra boca

de salvadores — volvednos conscientes —
como nosotros mismos hemos compartido —
la aflicción parece impalpable
hasta que a nosotros mismos nos hiere —

c. 1863

801

Juego a ser rico — para aplacar
el clamor por el oro —
esto me resguardó de un ladrón, creo,
a menudo, temerario

por necesidad, y oportunidad —
podría haber cometido un pecado
y haber sido yo mismo esa cosa fácil
un hombre independiente —

pero a menudo mi suerte corre
demasiado hambrienta para sobrellevarlo
entreví lo que podría ser —
un consuelo de novela

mi pobreza y yo derivamos —
nos preguntamos si el hombre —

que posee — estima la opulencia —
como nosotros — que nunca tenemos —

si estas exploradoras manos
encuentran riquezas en una mina —
o si en el largo — desnivelado tiempo
para enriquecerse, llega su turno —

cuánto más hábiles serán — por necesidad —
tan bien iluminadas —
no sé cuál de los dos, el deseo o la dádiva —
será más totalmente bello —

c. *1863*

808

¿Si así se puso el sol en ti
qué día será oscuro para mí —
qué distancia — lejos —
de modo que pueda ver los barcos
que tocan — tan rara vez —
tu costa?

c. *1864*

809

Incapaces son de morir los amados
pues amor es inmortalidad,
no, es deidad —

incapaces son los que aman — de morir
pues amor transforma la vitalidad
en divinidad.

c. 1864

812

La luz existe en primavera
no aparece en otro período
del año —
cuando marzo apenas llega

un color se vislumbra lejos
en solitarios campos
que la ciencia no puede intuir,
que la naturaleza humana siente.

Espera sobre el césped,
y muestra el más lejano árbol
sobre laderas distantes
casi nos habla.

Cuando el horizonte avanza
y cuando mediodía se aleja
sin formular un sonido
pasa — y nos quedamos —

la virtud de algo perdido
afectando nuestro contento

como una irrupción mercantil
en un sacramento.

c. 1864

813

Este plácido polvo fue señores y señoras
y niños y niñas —
fue risas y habilidad y suspiros
y vestidos y rizos.

Este pasivo lugar viva mansión del verano
con flores y abejas
cumple su ciclo oriental
luego cesa, como éstos —

c. 1864

815

El lujo de entender
el lujo sería
de mirarte una sola vez
y volverme un Epicuro

cualquiera de tus presencias sirve
de futuro alimento
apenas recuerdo haber muerto de hambre
tan bien surtida estaba —

el lujo de meditar
el lujo era
darme el festín de tu semblante
otorga suntuosidad

en días habituales, cuya lejana mesa
como la certidumbre recuerda
está puesta con una sola migaja
la conciencia de ti.

c. 1864

816

Un golpe de muerte es un golpe de vida para algunos
que has morir, no volvieron a estar vivos —
que si hubieran vivido, hubieran muerto pero cuando
murieron, empezaron a vivir.

c. 1864

818

hasta que probaras primero,
aunque más fresca que el agua era
la solicitud de la sed.
No podía tragarlo, querido,

c. 1864

821

Lejos de la casa están algunos — y yo —
ser un emigrante
en una metrópoli de casas
es fácil, posiblemente —

el hábito de un forastero cielo
con dificultad — se adquiere
como niños, que permanecen con sus caras
cuando se retiran con sus pies.

c. 1864

822

Esta conciencia que conoce
sol y vecinos
será la que advertirá la muerte
y ella misma sola

atravesará el intervalo
entre la experiencia
y el más profundo experimento
reservado a los hombres —

cómo les serán adecuados
estos atributos
ella misma para sí misma
compartirá el descubrimiento.

A las aventuras solitarias
el alma está condenada —
custodiada por un solo sabueso
su propia identidad.

c. 1864

824 a

El viento empezó a sobar el pasto —
como las mujeres una pasta —
lanzó una mano llena a la llanura —
otra al cielo —
las hojas se descolgaron de los árboles —
y volaban por todas partes —
el polvo se ahuecó como las manos —
y rechazó el camino —
los vagones se apresuraron en las calles —
el trueno chismeó en voz baja —
el relámpago mostró su cara amarilla —
y un lívido pie —
los pájaros hicieron barricadas con nidos —
el ganado corrió a sus corrales —
cayó una gota gigante de lluvia —
y luego como si las manos
que sostenían los embalses del torrente — se [abrieran —
inundaron y rompieron el cielo —
se detuvieron en la casa de mi padre —
sólo descuartizó un árbol —

c. 1864

824 b

El viento comenzó a mecer el pasto
con aterradoras tonadas bajas —
lanzó una amenaza a la tierra —
otra amenaza al cielo.

Las hojas se desprendían de los árboles —
y volaban por todas partes
el polvo se ahuecó en forma de manos
y rechazó el camino.

Los vagones se apresuraron en las rutas
el trueno se apuró lentamente —
el relámpago mostró un pico amarillo —
y una lívida garra.

Los pájaros hicieron barricadas con nidos —
el ganado acudía a sus corrales —
cayó una gota gigante de lluvia
y luego como si las manos del torrente
que sostenían las barras del diluvio se abrieran
inundaron y rompieron el cielo,
y se detuvieron en la casa de mi padre —
sólo descuartizó un árbol —

c. 1864

825

Una hora es un mar
entre pocos, amar —
con ellos el puerto hallar —

c. 1864

827

Mi única información
es el continuo boletín
de la inmortalidad.
Todo lo que puedo ver —
mañana y hoy —
a veces la eternidad —
el único ser que encuentro
Dios — la única calle —
la existencia — recorrida
si hay otras noticias
o admirables espectáculos —
los comunicaré —

c. 1864

829

Amplio prepara este lecho —
con reverencia —
en él espera hasta que el juicio llegue
excelente y hermoso.

Que su colchón esté derecho —
que su almohada esté redonda —
no dejes que el ruido del sol amarillo
interrumpa este lugar —

c. 1864

831

¡Morir! ¡Tendría miedo de ti!
si hubiera dejado a tu artillería
un amigo expuesto —
porque tu antigua flecha es un golpe
directo al corazón
del abandonado amor.

No por él el polvo se intimida,
enemigo, amado seas,
divorcia tus baterías
lucha tenazmente en un ojo moribundo
dos ejércitos, amor y certidumbre
amor e infortunio.

c. 1864

835

No conocí a Dios — ni a la naturaleza
pero los dos me conocieron tan bien
que se estremecieron, como ejecutores
de mi identidad

mas lo supe — sin decir palabra —
de mi secreto inviolado
como las investigaciones de Herschel
o las aventuras de Mercurio —

c. 1864

837

Qué bien yo no la conocía
ella a quien no conocer fue
presunta dádiva y ahora
en mi vecina puerta, pena.

c. 1864

840

No puedo comprarlo — no se vende —
no hay ningún otro en el mundo —
era mío el único

yo estaba tan feliz que olvidé
de cerrar la puerta y se fue
y estoy toda sola —

si pudiera encontrarse en cualquier parte
no me importaría hacer el viaje
aunque me tomara todo mi ahorro

si pudiera mirarle los ojos —
"pudiste" "no quisiste decirlo",
di vuelta la cara y me fui.

c. 1864

842

¡Bueno es esconder, y oírlos cazar!
Mejor, ser descubierto,
si uno lo quiere, esto es,
si el zorro siente al galgo —

bueno es saber, y no decir,
mejor, saber y decir,
puede uno hallar el raro oído
no demasiado obtuso —

c. 1864

844

La primavera es el período
especial de Dios.
Entre las otras estaciones
El solo permanece,

pero durante marzo y abril
nadie se atreve a partir

sin una cordial entrevista
con Dios.

c. 1864

846

Dos veces el verano su divino verdor
ofreció a la pradera —
dos veces una plateada fractura invernal
sobre los ríos —

dos completos otoños para la ardilla
generosos preparados —
naturaleza ¿no tendrías una fresa
para tu pájaro errante?

c. 1864

849

La buena intención de una flor
el hombre que la quiere poseer
debe presentar primero
certificado
de numerosa santidad.

c. 1864

850

Canto para aprovechar la espera
y sólo atar mi sombrero
y cerrar la puerta de mi casa
no tengo otra cosa que hacer

hasta que su dilecto paso se acerca
viajamos hacia el día
y nos decimos que cantamos
para alejar la oscuridad.

c. 1864

851

Cuando el astrónomo deja de buscar
su cara de pléyades —
cuando la solitaria británica dama
abandona la ártica raza

cuando a su estipuladora brújula
el marinero dudando vuelve —
será ampliamente temprano
para preguntar qué significa la traición.

c. 1864

860

La ausencia es incorporal — del mismo modo la [muerte
ocultando individuos de la tierra

la superstición ayuda, también como el amor —
la ternura decrece cuando probamos —

c. 1864

861

Parte la alondra — y encontrarás su música —
bulbo tras bulbo, en plata envuelto —
escasamente dado a la estival mañana
librado a tu oído cuando los laúdes sean viejos.

Suelta el efluvio — lo encontarás manifiesto —
explosión tras explosión, reservada para ti —
¡Experimento escarlata! ¡Escéptico Tomás!
¿Ahora dudas, de que tu pájaro fuera real?

887

Sobrevivimos al amor, como a otras cosas
y lo guardamos en el cajón —
hasta que nos parece moda antigua —
como trajes usados por grandes señores.

c. 1864

888

Cuando he visto salir el sol
de su maravillosa casa —

dejar un día en cada puerta
un acto, en cada lugar —

sin incidentes del éxito
o accidentes del ruido —
un tambor me pareció el mundo,
perseguido por niñitos

c. 1864

892

¿Quién ocupa esta casa?
Un forastero presumo
ya que nadie conoce su identidad —
por suerte su nombre y edad

están escritos en la puerta
yo temería detenerme
donde un perro no del todo honesto
el acercamiento alienta.

Parece una extraña ciudad —
algunas casas muy viejas,
alguna — edificada esta misma tarde,
si yo tuviera que edificar

no sería entre
habitantes tan quietos
sino donde hay pájaros reunidos
y posibles niños.

Antes de mi nacimiento
la fundaron, así dicen,
un territorio para fantasmas —
y ardillas, originariamente.

Hasta que un pionero, como
fundadores siempre lo hacen
preciando la quietud del lugar
atrajo a otros —

y para residencias
la capital creció
distinguida por la gravedad
de todos los ciudadanos.

El dueño de esta casa
un forastero debe ser —
parientes de la eternidad
son habitualmente así.

c. 1864

898

Qué feliz sería si pudiera olvidar
de recordar lo triste que estoy
sería una fácil adversidad
sólo recordar el florecimiento

que mantiene un noviembre arduo
hasta yo que era casi valiente

pierdo mi camino como un pequeño niño
y muero de frío.

c. 1864

900

¿Qué hicieron ellos desde que nos vimos?
¿Fueron laboriosos?
Tantas interrogaciones para hacerles
y una avidez

que podría yo arañar sus caras
que pudieran sus labios responder
no hasta que den la última respuesta
podrían ellos partir para el cielo.

No si los compañeros estuvieran esperando,
no si fuera para hablar conmigo
si fuera ahora nostalgia para ellos
después de la eternidad.

No si los justos sospechan de mí
y me ofrecen una recompensa
yo podría restituir mi despojo
a esa valiente persona, Dios —

c. 1864

902

El primer día que fui una vida
lo rememoro — qué tranquilo —

el último día que fui una vida
lo rememoro — también —

fue más tranquilo — aunque el primero
fue tranquilo —
estaba vacío — pero el primero
estaba lleno —

ésta — fue mi final ocasión —
pero luego
el más tierno experimento
hacia los hombres —
¿"Cuál elegí yo"?
Eso — no podré decirlo —
¿"Cuál eligieron ellos"?
¡Interroga memoria!

c. 1864

904

Si tuviera esto, o esto, yo dije,
apelando a mí misma,
en momentos de prosperidad —
inadecuada — fuera la vida —

"no me tienes a mí, ni a mí" — dijo,
en momentos de revés —
"y sin embargo eres industriosa —
¿no necesitas de nosotros?"

Mi necesidad — era todo lo que yo tenía — dije —
mi necesidad no se redujo —
porque el alimento — exterminó —
el hambre — no cesa —

pero diligencia — es aguda —
proporcionada a la suerte —
alimentarse de lo retrógrado —
debilita — el progreso —

c. 1864

905

Entre mi país — y los otros —
hay un mar
pero las flores — negocian entre nosotros —
como ministerios.

c. 1864

910

La experiencia es el camino angular
preferido contra la mente
por — paradoja — la misma mente —
presume dirigirla

para el lado opuesto — qué complicada
la disciplina del hombre —

forzándolo él mismo a elegir
su preparada pena —

c. 1864

914

No puedo avergonzarme
de no poder ver
el amor que ofreces —
magnitud
invierte modestia

y no puedo enorgullecerme de
que una altura tan alta
involucre alpinos
requerimientos
y oficios de nieve.

c. 1864

915

Fe — es el impenetrable puente
que sostiene lo que vemos
en la escena que no vemos —
para los débiles ojos

lleva un alma valiente
como acuñada en acero

con brazos de acero a cada lado —
llega — detrás del velo

a lo que podríamos suponer
el puente que dejaría de ser
para nuestros lejanos, vacilantes pies
una primera necesidad.

c. 1864

916

Su pie está calzado con gasa —
su armadura es de oro,
su pecho, un solo ónix
incrustado de crisoberilo.

Su labor es un canto —
su ociosidad — una melodía —
¡por la experiencia de una abeja
de tréboles, y a mediodía!

c. 1864

919

Si evito que un corazón se rompa
no habré vivido en vano,
si alivio el dolor de una vida
o calmo una pena

o llevo un desfalleciente pecho colorado
de nuevo a su nido
no habré vivido en vano.

c. 1864

921

Si no tuviera un lápiz
usaría el mío —
gastado — ahora — y tedioso — querido,
de escribirte mucho.
¿Y si no tuviera una palabra,
haría la margarita,
grande como yo era
cuando me arrancó?

c. 1864

932

Mis mejores amistades son aquéllas
con quienes no he emitido palabras —
las estrellas que se dignaron venir a la ciudad
no me juzgaron descortés
aunque a su llamado celestial
no logré dar respuesta —
mi constante — reverente cara
era suficiente cortesía.

c. 1864

939

Lo que no veo, veo mejor —
a través de mi fe — mis castaños ojos
tienen períodos de clausura —
pero, no tiene tapa la memoria —

con frecuencia, todos mis sentidos oscurecidos
de igual modo vislumbro
como si alguien sostuviera una luz sobre
las facciones bienamadas —

me incorporo — y en mi sueño —
me entrego distinguida gracia —
hasta que la celosa luz del día irrumpe —
y hiere tu perfección —

c. 1864

947

¿Del repique de campanas pregunto la razón?
"Un alma se ha ido al cielo"
me responde en un tono aislado —
¿es entonces el cielo una prisión?

Que las campanas suenen hasta que todos sepan
que un alma se ha ido al cielo
me parecería el mejor modo
de dar la buena noticia.

c. 1864

948

Era el punto crucial — todo había pasado —
ese opaco — tiempo que enmudece
en fiebre y en acontecimiento —
y ahora la suerte ha llegado —

el instante que lleva en su garra
el privilegio de vivir
o la garantía de presentar el alma
al otro lado de la tumba.

Los músculos engarzados en plomo
que no obstruirían la voluntad —
el espíritu agitó el adamanto —
pero sin hacerlo sentir.

El advenimiento suspendido — debatido — dispa-
[rado —
otro había ya empezado —
simultáneamente, un alma
escapó de la casa inadvertida —

c. 1864

949

¡Bajo la luz, y aun debajo,
bajo el pasto y la suciedad,
bajo el sótano de las cucarachas
bajo la raíz del trébol,

más lejos que el brazo estirado
si fuera un brazo gigante,
más lejos que la luz del sol
si tuviera el día un año de largo,

a través de la luz, aun a través,
a través del arco del pájaro —
a través de la chimenea del cometa —
a través de la cabeza cubital,

más lejos que adivina puede galopar
más lejos que un acertijo puede cabalgar —
oh un descuento de la distancia
entre nosotros y los muertos!

c. 1864

956

¿Qué haré cuando el verano perturbe —
qué, cuando la rosa esté madura —
qué cuando los huevos vuelen con música
del resguardo del arce?

¿Qué haré cuando los cielos gorjeen
y derramen su melodía sobre mí —
cuando la abeja está colgada toda la mañana del
[botón de oro
qué será de mí?

¡Oh! cuando la ardilla llene sus bolsillos
y las fresas me miren

¿cómo podré soportar sus alegres caras
y tú tan lejos de aquí?

No afligiría un petirrojo —
todos sus bienes tienen alas —
yo no vuelo — de modo que
¿para qué serían mis perennes bienes?

c. 1864

958

Nos encontramos como centellas — divergentes [chispas
diseminadas —
nos separamos como la chispa central
se divide con una azuela —
subsistiendo en la luz que llevamos
antes de sentir la oscuridad —
una chispa hasta este día — tal vez —
sólo por esta única centella.

c. 1864

959

La pérdida de algo que siempre sentí —
la primera que puedo recordar
despojado yo estaba — de lo que no conocía
más joven de lo que nadie podía sospechar

enlutado estaba entre los niños
yo no obstante vagaba
como alguien que se lamenta por su dominio
él mismo el único príncipe descastado —

mayor, hoy, un grado más sabio
más lánguido también, como es la sabiduría —
me encuentro todavía lentamente en busca
de mis delincuentes palacios —

y una sospecha, como un dedo
toca mi frente de vez en cuando
que estoy buscando en el lugar opuesto
por el sitio del reino del cielo —

c. 1864

961

Si estuvieras enfermo — y pudiera mostrarte
qué largo día soportaría
aunque tu atención no se detuviera en mí
ni una leve señal, lo asegurara —

si fueras sólo un extraño en desdichada tierra —
y mía — la puerta
donde te detuvieras, para pedir merced —
nada más —

si acusado — fueras — y yo — tribunal —
convicto — sentenciado — sin armiño — para mí

en mi condición, lo contrario — seguir —
sólo para compartir — la infamia —

si el dueño de la casita, fueras —
y me permitieras ser
tu humilde ama de casa
me contentaría —

no hay trabajo que tengas, que no cumpliera por ti —
morir — o vivir —
lo primero — querido, lo probé, antes de verte —
pues vida — es amor —

c. 1864

973

Era incómodo, pero me sentaba bien —
un anticuado corazón —
su única ciencia — su inmutabilidad
en cambios — inerudito —

sólo se movía como los soles —
por méritos de retorno
o pájaros — confirmándose perpetuos —
en alternativas zonas —

lo tengo sólo esta noche
en su establecido lugar —

por tecnicismo de la muerte —
omitido el contrato —

c. 1864

975

La montaña sentada sobre la planicie
en su tremenda silla —
su observación omnímoda,
su indagatoria, en todas partes —

las estaciones jugaban alrededor de sus faldas
como niños alrededor del padre —
abuelo de los días es El
del alba el antepasado —

c. 1864

980

El color púrpura — está a la moda dos veces —
en esta época del año,
y cuando un alma a sí misma percibe
que es un emperador.

c. 1864

983

Los ideales son el aceite imaginario
que empleamos en la rueda

pero cuando el eje vital funciona
el ojo rechaza el aceite.

c. 1865

985

Faltarme todo — me impidió
que me faltaran menores cosas.
Si nada más grande de la vida
que la partida de un resorte —
o la extinción del sol, observada —
no era tan enorme para que yo pudiera
levantar mis ojos de mi trabajo
por curiosidad.

c. 1865

986

Un tipo flaco en el pasto
ocasionalmente cabalga —
lo habrán visto — ¿no es así?
Su aparición es brusca —.

El pasto se divide como con un peine —
se ve una moteada flecha —
luego se arrima a los pies
y se aleja más adelante —

le gusta una tierra cenagosa
un suelo demasiado frío para el maíz —

sin embargo cuando niño, descalzo —
yo más de una vez al pasar

a mediodía, sentía de golpe un latigazo
destrenzándose al sol
cuando me agachaba para recogerlo
se enroscaba y desaparecía —

numerosos seres de la naturaleza
conozco, y me conocen —
por ellos siendo arrobamientos —
de cordialidad —

pero nunca encontré a este tipo
acompañado o solo
sin una anhelante respiración
helarme hasta los huesos —

c. 1865

990

No todos los que mueren temprano mueren jóvenes —
la madurez del hado
se consume de igual modo
en siglos, o una noche —

un encanecido joven, he visto caer
de normal estatura junto

a un Benjamín de ochenta años — fue un acto
no un período — que murió.

c. 1865

991

Ella se apresuró como pétalos de una rosa
ofendida por el viento —
una frágil aristócrata del tiempo
en busca de indemnidad —
viviendo de la naturaleza — ausente
como el grillo o la abeja —
pero el Andes en el seno donde
empezaba a yacer —

c. 1865

998

Las mejores cosas moran fuera de la vista
las perlas — los justos — nuestros pensamientos.

Muchas evitan el aire público
legítimo, y raro —

la cápsula del viento
la cápsula de la mente

exhibe aquí, como lo hace un buril —
¿germen de los gérmenes dónde está?

c. 1865

999

Superfluo sería el sol
si la excelencia estuviera muerta
sería superfluo cada día
pues cada día diría

aquella sílaba cuya fe
salva de la desesperanza
y cuyo "te veré a ti" vacila
si el amor interroga "¿dónde?"

Sobre su permanente fama
nuestra vida podrá pasar
como estrellas que caen anónimas
de un abundante cielo.

c. 1865

1003

¡Muriendo por mi música!
¡Burbujas! ¡Burbujas!
¡Reténganme hasta que las octavas suenen!
¡Rápido! ¡Rompe las ventanas!
¡Ritardando!
¡Redondillas dejadas, y el sol!

c. 1865

1005

Atadme — aún puedo cantar —
destierra — mi mandolina
sonará verdadera en mí —

degüéllame — y mi alma se elevará
cantando al paraíso —
todavía tuya.

c. 1865

1009

Yo era una Febe — nada más —
una Febe — nada menos —
la pequeña nota que otros dejan caer
y colocan en su sitio —

yo vivía demasiado bajo para que nadie me bus-
[cara —
demasiado tímida, para cualquier censura —
una Febe deja pequeñas huellas
sobre el piso dc la fama —

c. 1865

1012

¿Qué es mejor? ¿El cielo —
o el cielo que vendrá

con ese viejo codicilo de la duda?
No puedo impedirme de estimar

el pájaro en la mano
superior a aquel
que el arbusto puede o no puede ofrecerme
demasiado tarde para elegir de nuevo.

c. 1865

1013

Demasiado limitado era morir por ti,
un mero griego podría hacerlo.
El ser vivo es más costoso —
yo ofrezco aún eso —

morir, es, una bagatela, pasada,
pero vivir, incluye
un morir multiforme — sin
alvidio de estar muerto.

c. 1865

1017

Morir — sin morir
y vivir — sin la vida
es el más arduo milagro
propuesto por la fe.

c. 1865

1026

Los moribundos necesitan muy poco, querida,
un vaso de agua es todo,
la faz modesta de una flor
para señalar la pared,

un abanico, tal vez, un sentimiento íntimo
una certidumbre
que ningún color en el arco iris
percibe, cuando te has ido.

c. 1865

1029

Ni montañas me detienen
ni el mar —
¿Quién es el Báltico —
quién es Cordillera?

c. 1865

1031

La fatalidad lo asesinó, pero no cayó —
ella cayó — él no cayó —
lo empaló en sus estacas más feroces —
él las neutralizó —

ella lo aguijoneó — minó su firme ataque —
pero cuando lo peor estaba hecho
y él — impertérrito la miró —
reconoció que él era un hombre.

c. 1865

1032

¿Quién es el Este?
El hombre amarillo
que podría ser purpúreo si pudiera
llevar adentro el sol.

¿Quién es el Oeste?
El hombre purpúreo
que podría ser amarillo si pudiera
dejémoslo afuera otra vez.

c. 1865

1036

Satisfacción — es el agente
de saciedad —
Necesidad — un tranquilo delegado
para el infinito.

Poseer, es pasado el instante
conseguimos la alegría —

inmortalidad satisfecha
sería anomalía.

c. 1865

1039 a

Yo oía, como si no tuviera oído
hasta que una vital palabra
llegó de un largo camino de la vida
y fue entonces cuando advertí que oía.

Veía, como si tuviera puestos mis ojos
en otras órbitas, hasta que algo
y ahora sé que era la luz, porque
se acomodó en ellos, llegó.

Vivía, como si yo estuviera afuera,
mi cuerpo solo adentro
hasta que una fuerza me detectó
me colocó la médula adentro.

Y el espíritu se volvió al polvo
"Viejo amigo, tú me conoces",
y el tiempo salió a dar la noticia
y encontró la eternidad.

c. 1865

1039 b

Oí, como si no tuviera oído
hasta que una palabra vital

vino del camino de la vida
y entonces supe que oía.

Vi, como si mis ojos fueran
ajenos, hasta que vi una cosa
y ahora yo sé que era la luz, porque
los iluminaba, entraron.

Habito, como si yo misma estuviera afuera,
mi cuerpo solo dentro
hasta que un poder me detectó
y asentó mi médula en mí.

Y el espíritu se tornó en polvo
"vieja amiga, tú me conoces".
Y el tiempo salió para dar las noticias
y encontró la eternidad.

c. 1865

1045

No emplea amarillo la naturaleza
como otros colores
lo reserva todo para el poniente
profuso de azul

usando carmesí, como una mujer
consigue amarillo
sólo escaso y selecto
como palabras de amor.

c. 1865

1046

Dejé caer mi cerebro — mi alma está muda —
las venas que fluían
se detuvieron petrificadas — parálisis
más perfectas que la piedra

vitalidad esculpida y fría.
Mis nervios de mármol yacen —
una mujer que respiraba
ayer — dotada del Paraíso.

No muda — yo tenía un carácter vivaz —
un sentido que asolaba y estremecía —
instinto para el baile — algo que brinca —
aptitudes de pájaro —

¿Quién imprimió Carrara en mí
y cinceló todas mis canciones?
Sería una brujería — sería la muerte —
tengo aún la fortuna de ejercitar

de ser, en alguna parte — moción — respiración —
aunque en siglos más allá,
y en todo límite una década —
me estremeceré, satisfecha.

c. 1865

1051

No puedo hallar la primavera sin conmoverme —
siento el viejo deseo —

un apuro con un demorar, mezclado,
una garantía de ser favorable —

una competición en mis sentidos
con algo escondido en ella —
y mientras se desvanece, remordimiento
no supe más nada de ella.

c. 1865

1052

Nunca vi un brezal —
nunca vi el mar —
pero sé cómo es el brezo
y cómo una ola es.

Nunca hablé con Dios
ni lo visité en el cielo —
sin embargo segura estoy del lugar
como si el mapa lo señalara —

c. 1865

1053

Fue de un modo tranquilo —
me preguntó si yo le pertenecía —
yo contesté con la boca
le contesté con los ojos —
y entonces él me llevó adelante

ante el mortal ruido
con rapidez, de carruaje
a distancia, de ruedas.
La tierra se deslizaba afuera
como hectáreas de los pies
de alguien que se asoma de un globo
sobre una calle etérea.
El abismo detrás no estaba,
los continentes eran nuevos —
la eternidad de antes
la eternidad esperada.
Las estaciones no eran para nosotros
no era la noche ni la mañana —
pero el sol naciente se detuvo en su lugar
y se incrustó en el alba.

c. 1865

1057

Yo tenía una diaria dicha
que casi indiferente advertía
hasta que de pronto percibí que se agitaba —
y creció mientras yo proseguía

hasta que contorneando una altura
desapareció de mi vista
creciendo más allá del máximo de mi alcance
aprendí a apreciar.

c. 1865

1060 a

El aire no tiene residencia, ni vecino,
ni oído, ni puerta,
ni aprehensión de otro
¡oh, bienaventurado aire!

Etéreo huésped de expulsada almohada —
esencial invitado de la desvanecida vida, quejumbro-
[sa posada
más tarde que la luz tu conciencia me acosa
hasta retirarse, y persuadir la mía —

c. 1865

1060 b

El aire no tiene residencia, ni vecino,
ni oreja, ni puerta,
ni aprensión de otra
¡Oh, aire feliz!

Etéreo huésped en una descastada almohada —
esencial invitado, en la tenue, ruidosa posada de la
vida,
más tarde que la luz tu conciencia me acomete
hasta que parte, persuadiendo la mía —

c. 1865

1071

Percibir un objeto cuesta
la exacta pérdida del objeto —
percibirlo en sí mismo es una ganancia
que responde a su precio —

un objeto absoluto — no existe —
la percepción lo embellece
y luego reconviene perfecciones
los sitúa más lejos —

c. 1866

1076

¡Sólo una vez! ¡Oh mínimo requerimiento!
¿Podrá Adamanto rehusar
una tan pequeña gracia
tan levemente enunciada,
en tan agonizantes términos?
¿No podría un Dios de pedernal
ser consciente de mi lamento
ya que del cielo cayeron remotos
"sólo una vez" dulce Deidad?

c. 1862

1081

El dominio del hado
es difícil de conseguir

a nadie se le otorga
pero no es imposible merecer

una ración alguna vez
de un óbolo exiguo hasta que absorta
el alma con estricta economía
subsista en elParaíso.

c. 1866

1084

A las tres y media, un solo pájaro
en el cielo silencioso
propone una única medida
de prudente melodía.

A las cuatro y media, la experiencia
ha subyugado el ensayo
y ved aquí, su principio de plata
suplanta el resto.

A las siete y media, elemento
ni implemento, se ven —
un lugâr había donde la presencia estaba
en plena circunferencia.

c. 1866

1090

Tengo miedo de tener un cuerpo —
tengo miedo de tener un alma —

profunda — precaria propiedad —
posesión, no opcional —

doble estado — vinculado a voluntad
de un insospechado heredero —
duque en un momento de inmortalidad
y Dios, para una frontera.

c. 1866

1092

No era santo — era demasiado amplio —
nieve tampoco — era demasiado pequeño —
sólo se mantenía distante
como algo espiritual —

c. 1866

1093

Porque había riquezas que podía tener,
yo misma las poseía — yo,
conocía los dólares por sus nombres —
lo sentía pobreza

un condado lejano para conservar,
una renta en el aire,
posesión — tiene un sonido más dulce
en el oído del avaro —

c. 1866

1095

Para aquellos cuyas mañanas son las noches
¡cómo serán las medianoches!

c. 1866

1096

Estos extranjeros en un mundo extraño,
protección me pedían —
protégelos, no sea que tú misma en el cielo
seas una refugiada —

c. 1866

1099

Mi capullo me ciñe — mis colores me importunan —
ansiosa busco el aire —
una vaga capacidad de alas
envilece la vestimenta que llevo —

un poder de mariposa será —
la aptitud del vuelo
praderas majestuosas concede
y suaves barridas en el cielo —

de este modo debo deslumbrar el símbolo
y cifrar el signo
equivocarme frecuentemente, y por fin
descubrir la clave divina —

c. 1866

1102

Su pico está apretado — su ojo abandonado —
sus plumas marchitas caídas —
las garras que clavaba, como guantes sin vida
indiferentes colgando ahora —
la alegría que en su feliz garganta
esperaba derramarse
acuchillada traspasada con la muerte, de ser
asesino de un pájaro.
Se asemeja en mi ultrajada mente
a un tiroteo en el cielo,
sobre Angeles — derrochando para ti
su milagroso canto —

c. 1866

1106

No sabemos el tiempo que perdemos —
el momento horrible es
y toma su lugar fundamental
entre las certidumbres —

una firme apariencia aún distiende
el naipe — la suerte — el amigo —
el espectro de la estabilidad
cuya sustancia es arena —

c. 1867

1114

El incendio más grande que jamás se conoció
ocurre todas las tardes —
descubierto sin asombro
transcurre sin inquietar —

consume y no comunica al hombre
una ciudad occidental,
se reconstruye otra mañana
para ser quemada de nuevo.

c. 1868

1121

El tiempo sigue adelante —
con alegría lo digo a todos los que sufren ahora —
ellos sobrevivirán —
hay un sol —
ellos ahora no lo creen —

c. 1868

1122

Es mi primera noche bajo el sol
si pudiera pasarla aquí —
hay una altura demasiado baja sobre él
para su barómetro
cuyos aires de expectación respiran

y toman el viento al alba —
mas la distancia sus deleites confía
a quienes lo visitan —

c. 1868

1123

Una gran esperanza cayó
no se oyó ningún ruido
la ruina estaba adentro

¡Oh! tramposa destrucción que no contó la historia
ni dejó entrar al testigo
la mente estaba edificada para un tremendo espanto

para tímidas ocasiones planeada
cuán frecuente para zozobrar en el mar
ostensible en la tierra

un no admitir la herida
hasta que aumentó tanto
que toda mi vida entró en ella
y había abismos además

el cierre de la simple tapa
se abría al sol

hasta que el tierno carpintero
le clavó el clavo perpetuo —

c. 1868

1125

Oh suntuoso momento
avanza más lento
que goce de ti —
nunca será igual morir de hambre
ahora que veo la abundancia —
cuál fue famélico, entonces o ahora —
la diferencia del día
pregunta al que conducen a la horca
con una mañana en el cielo —

c. 1868

1129

Toda la verdad decidla pero al sesgo —
el éxito mora en rodeos
demasiado brillante para nuestro doliente deleite
la verdad soberbia sorprende

como el relámpago a los niños
que una buena explicación tranquiliza
la verdad tiene que deslumbrar gradualmente
o todo hombre será ciego —

c. 1868

1132

Las ardientes brasas se sonrojan —
oh corazones dentro del carbón
¿habéis sobrevivido tantos años?·
Las ardientes brasas sonríen —
suaves se estremecen las noticias de la luz
impertérritos los segundos fulguran
un requisito tiene el fuego perenne
que Prometeo nunca conoció —

c. 1868
(sin terminar)

1133

La nieve que nunca se desliza —
transitoria, fragante nieve
que cae una sola vez al año
ahora se desliza quieta —

tan detallada sobre el árbol
de noche abajo de la estrella
nace del pie de febrero
lo asegurará la experiencia —

como invierno como una cara
dará forma que conocimos
que la soledad no protege
pretextos de la naturaleza —

si del frenesí de interés
el valor no pudiera ser —
compramos por contraste — el dolor es bueno
tan cercano como la memoria —

c. 1868

1137

Las obligaciones del viento son pocas,
echar los barcos al mar
establecer marzo, escoltar las mareas
y conducir la libertad.

Los placeres del viento son extensos
morar en la extensión,
permanecer, o vagabundear,
especular, o cuidar los bosques.

Parientes del viento son las montañas
Azof — el Equinoccio,
también con pájaros y asteroides
una relación de saludos.

Las limitaciones del viento
existen, o mueren,
demasiado sabio parece que la vigilia,
asimismo, yo no lo sé.

c. 1869

1141

La cara que elegimos para echar de menos —
aunque sea un solo día
ausente está un siglo,
cuando se va alejando.

c. 1869

1145

En tu amplio paraíso de luz
ningún momento habrá
cuando yo busque el juego terrenal
y la mortal compañía —

c. 1869

1150

Cuántos proyectos pueden morir
en una breve tarde
totalmente desconocidos
para aquéllos a quienes más preocupan —
el hombre que no estaba perdido
porque por accidente
desvió del ancho de una cinta
su acostumbrada ruta —
el amor que no probaría
porque junto a la puerta
habría rivalidades

algún insospechado caballo estaba atado
observando su desesperanza

c. 1869

1168

Viejo como el dolor —
¿Qué edad tendrá?
Unos dieciocho mil años —
viejo como la dicha
¿qué edad tendrá?
Iguales años

juntos eminentes se encuentran
rara vez juntos
de ninguno de los dos aunque quieran
puede la naturaleza humana esconderse

c. 1870

1176

Nunca sabemos en qué altura estamos
hasta que nos piden de elevarnos
luego si somos fieles al plan
nuestra estatura alcanza el cielo —

el heroísmo que citamos
sería algo normal

si nosotros mismos no desviáramos la medida
por temor de ser un rey —

c. 1870

1180

¡"Acuérdate de mí" imploraba el ladrón!
¡Hospitalidad!
Mi invitado "Hoy en el paraíso"
te doy garantía.

Esa cortesía ha de permanecer
cuando el deleite sea polvo
con el que citamos este importante caso
de compensada confianza.

De todo lo que podemos esperar
el afidávit sostiene
que esto es esperado cuando más tememos
ser inesperados amigos.

c. 1871

1181

Cuando yo esperaba yo temía —
desde que esperé me atreví
por todas partes sola
como una iglesia que permanece —
los espectros no pueden dañar —

las serpientes no pueden encantar —
deposita el destino
el que lo ha sufrido —

c. 1862

1186

Demasiado pocas mañanas hay,
demasiado breves las noches.
Ningún alojamiento hay
para los deleites
que vienen a la tierra para quedar,
pero ningún departamento se encuentra
y habrá que irse de nuevo.

c. 1871

1187

Oh sombra sobre el pasto,
¿eres un escalón o no?
Vete y vuélvete hermosa mi candidata
mi nominado corazón —
oh sombra sobre el pasto
cuando me demoro para adivinar
algún otro que consagrarás —
un rostro no elegido —

c. 1871

1192

Una lágrima honesta
más durable que el bronce es —
este cenotafio
puede tener el que muera —

erigido por sí mismo —
ningún orador satisface —
la gratitud persiste
cuando el obelisco decae

c. 1871

1197

No me atrevería a estar tan triste
durante tantos años de nuevo —
un peso es al principio intolerable
cuando lo hemos dejado —

lo sobrehumano se retira
y nosotros que nunca vimos
al gigante del lado opuesto
empezamos a perecer ahora.

c. 1871

1199

¿Son los amigos deleite o pena?
Si la dádiva sólo queda
buenas son las riquezas —

pero si solamente quedan
abundantes para evaporarse
tristes son las riquezas.

c. 1871

1200

Porque mi arroyo es fluido
yo sé que está seco —
porque mi arroyo es silencioso
es el mar —

y aterrada de verlo crecer
trato de huir
a donde el Fuerte me asegura
que “ya no hay mar” —

c. 1871

1202

La helada nunca se vio —
si se encuentra, demasiado rauda pasa,
o en demasiado insustancial equipo —
las flores lo advierten primero

un forastero rondando
un síntoma de alarma
en pueblos remotamente situados
buscarla es borrarla

hasta que alguna irrecuperable noche
nuestra vigilancia vana
del jardín consigue el único espectáculo
que nunca fue trazado.

Improbable es lo que más sabemos —
desconocido es lo peor que tenemos —
de forasteros es la tierra la posada
de secretos es el aire —

para analizar tal vez
una filípica preferiría
pero una labor más vasta yo misma
encuentro para inferir.

c. 1871

1203

El pasado es una criatura tan extraña
que mirarla en la cara
arrobamiento puede producir
o una desgracia —

desarmado si cualquiera la encuentra
le aconsejo huir
sus desteñidos pertrechos
aún pueden responder.

c. 1871

1210

El mar dijo "ven" al arroyo —
el arroyo dijo "déjame crecer" —
el mar dijo "entonces vas a ser el mar —
yo quiero un arroyo — ¡ven ahora!"

El mar dijo "vamos" al mar —
el mar dijo "yo soy él
el que atesoraste" — "instruidas aguas —
la sabiduría es insulsa — para mí"

c. 1872

1212

Algunos dicen
la palabra muere
al ser dicha.
Yo digo que empieza
a vivir
ese día.

c. 1872?

1213

Nos gusta marzo.
Tiene zapatos purpúreos —
es nuevo y alto —
prepara el barro para perro y caminante,

reseca el bosque.
Conoce la lengua de la serpiente su llegada
su paraje —
mantiene el sol tan cerca y fuerte
y nuestras mentes acaloradas.

Noticias es él de todos los demás —
valiente sería morir
con el azulejo ejercitándose
en el cielo inglés.

c. 1872

1219

Ahora supe que la había perdido —
no que se hubiera ido —
porque la lejanía viajaba
en su faz y en su lengua.

Ajena, aunque adyacente
como una forastera raza —
atravesaba se demoraba
en sitios carentes de latitudes.

Elementos inalterados —
el mismo universo
pero la transmigración del amor —
había sucedido —

de aquí en adelante para recordar
la naturaleza anotó la fecha
que tanto me costó —
suya es la penuria

no de quien trabaja por la libertad
o por la familia
sino por la restitución
de la idolatría.

c. 1872

1221

A algunos no los vemos más, moradas de asombro
nos ocupan aunque para ellos
los días sean más simples que la suposición
nos deja presumir
sus costumbres mudables

esa oblicua creencia que llamamos conjetura
lucha con un tema obstinado y sublime
capaz como el polvo de equipar su aspecto
adecuados tambores hay
para alistar la tumba.

c. 1872

1222

El acertijo que adivinamos
rápidamente lo desdeñamos —

y nada es tan tedioso y anticuado
como aquello que ayer fue sorpresa —

c. 1870

1233

Si no hubiera visto el sol
sobrellevar la sombra podría
pero la luz un nuevo desierto
mi desierto me dio —

c. 1872

1235

Como lluvia resonaba hasta doblarse
y supe que era el viento —
caminaba mojado como una ola
pero barría con sequedad de arena —
cuando se empujó a sí mismo
a una remota planicie
un arribo como de huestes se oyó
y era realmente la lluvia —
llenó los pozos, y alegró los estanques
burbujeó sobre el camino —
retiró las reservas de la montaña
y dejó los torrentes —
y asoló hectáreas, levantó mares
los sitios centrales se estremecieron

luego como Elías se alejó
en una nube de ruedas.

c. 1872

1236

Como las insidiosas arrugas del tiempo
en una amada cara
asimos la gracia estrechamente
aunque nos ofendan los pliegues

la helada tan graciosamente
desaliña todo lo prístino
asevera con su prisma
que nadie puede castigarlo

c. 1872

1237

Mi corazón corrió tanto hacia ti
que no quiso esperarme a mí
y yo ofendida
me alejé
pues cualquiera fuera mi paso
él logró primero tu cara
que gracia universal
tocó a las dos —

no por malignidad
te menciono esto —
si él tuviera oblicuidad
más pronto para compartir
pero por la avidez de él —
alardeando mi premio —
solazando en Belén
antes de estar yo allí —

c. 1878

1241

El lila es un arbusto antiguo
pero más antiguo que él
es la lila del firmamento
en la montaña esta noche —
declinando sobre su arco, el sol
otorga a los ojos — no al tacto —
esta planta conclusiva
esta flor de occidente.
Que una única corola forma el oeste —
el cáliz es su tierra —
las cápsulas bruñidas semillas de estrellas
los científicos de la fe
empezaron sus buscas sólo ahora —
sobre las síntesis
queda la flora irrefutable
al análisis del tiempo —
"El ojo humano ni ha visto" será posible

un hábito para los ciegos
pero pueda la revelación
no ser detenida por las hipótesis —

c. 1872?

1242

si tuviéramos alas
muchos volarían
habituados a cosas más lentas
pájaros sorprendidos
examinarían agazapados la caravana
de hombres escapando
de la mente del hombre

c. 1872

1245

Volar de la memoria
Los suburbios de un secreto
un estratega puede guardar,
mejor que entrometerse en lo soñado
escudriñar el sueño.

c. 1873

1247

Intensificarse como el trueno en su fin
luego desintegrarse grandiosamente

cuando toda la creación se oculta
esto — sería poesía —

o amor — los dos coetáneos llegan —
nosotros dos sin ninguna prueba —
ni experiencia tampoco y consumición —
pues ninguno ve a Dios y vive —

c. 1875

1251

Silencio es todo lo que tememos.
Hay un rescate en una voz —
pero silencio es infinito.
El mismo no tiene faz.

c. 1873

1253 a

Si pudiera este día no haber sido,
o si cesar pudiera
¡Qué castigados, qué superfluos,
serían los otros días!

A no ser que amor valuara menos
lo que la pérdida evaluaría más
si tuviera el privilegio agotado,
que antes atesoraba.

c. 8173

1253 b

Si este solo día no hubiera sido
o pudiera cesar
¡Qué aniquilados, qué superfluos,
serían todos los otros días!

A menos que el amor valorara menos
lo que la pérdida valora más
si pudiera encontrar el estricto privilegio
de lo que antes adoraba.

c. 1873

1255

Languidecer es como la semilla
que pugna en el suelo,
creyendo que si intercede
será encontrada por fin.

La hora, y el clima —
a cada circunstancia desconocida,
¡qué constancia debe mantener
antes de ver el sol!

c. 1873

1257

El dominio dura hasta obtenerlo —
la posesión otro tanto —

mas éstos — dándose en el vuelo
pertenecen eternamente.

Cuán durables son los labios
sólo conocidos del rocío —
estas son las novias permanentes
suplantando a ti y a mí.

c. 1873

1258

"El Padre y el Hijo" quiénes eran
nos preguntábamos cuando niños,
y qué tienen que ver con nosotros
y de lo portentosamente narrado

con deducción pasmosa
mi niñez fortificada
pensaba, por lo menos no son peores
de lo que han sido descritos.

"El Padre y el Hijo" quiénes son
nos preguntamos hoy
"Padre e Hijo" el mismo
sin dudar especificarían —

pero ellos tuvieron la dicha
cuando deseábamos saber,
y habríamos sido mejores amigos, quizá,
que lo que el tiempo resolvió —

empezamos — a advertir la fe
pero una vez — completamente —
lograda, no se adapta tan bien
al alterarse frecuentemente —

nos ruborizamos, que el cielo si lo alcanzamos —
acontecimiento inefable —
hasta avergonzarnos hubiéramos evitado
de ser propietarios del milagro —

c. 1873

1262

No puedo ver mi alma pero sé que está aquí
tampoco vi su casa ni sus muebles,
quién me invitó a vivir con él;
pero consulta un confiado huésped,
qué vestiduras lo honrarían más,
que yo estuviera adecuadamente vestida,
pues él no da garantía a nadie
a menos que estén meticulosamente adornados
procurando una perpetua vestimenta
declarando esa fecha una súbita fiesta.

c. 1873?

1263

No hay fragata como un libro
para llevarnos a tierras lejanas

ni corceles como una página
de burbujeante poesía —
esta travesía el más pobre puede hacer
sin la opresión del peaje —
cuán frugal es el carruaje
que lleva el alma humana.

c. 1873

1264

Antes éste era el lugar de la esperanza,
que ahora es mi esperanza.
La semilla del desengaño creció
dentro de una alegre cápsula,
demasiado distante para detener los pies
que pisaron esta pasarela de bálsamo —
ante ellos yace un mar ineludible —
el camino que anduvieron está cerrado.

c. 1873

1270

¿Es el cielo un médico?
Dicen que puede curar —
pero la póstuma medicina
es inencontrable —
¿Es el cielo una tesorería?

Hablan de lo que debemos —
pero de esa negociación
no soy partícipe —

c. 1873

1272

Tan orgullosa estaba de morir
que nos avergonzaba a todos
lo que más amábamos, tan desconocido
a su deseo parecía —
tan satisfecha de irse
en donde no estaríamos
inmediatamente — que la angustia se irguió
casi como los celos —

c. 1873

1278

Las montañas envueltas en niebla —
los valles estaban abajo
iban o descansaban como querían
el río y el cielo.

Ocioso estaba el sol —
su interés por el fuego
un poco apartado de la ostentación —
el crepúsculo se interponía al capitel,

tan suave sobre la escena
el acto del ocaso cayó
sentimos qué vecina cosa
era lo invisible.

c. 1873

1280

El mal de los años está en él —
la infamia del tiempo —
lo destituye como una moda
y da lugar al dominio.

Olvida su energía del día
la gloria de la decadencia
es más minuciosa representación
que menor vitalidad.

c. 1873

1285

Conozco el suspenso — camina tan sucinto
y se vuelve tan débil —
además — el suspenso está cerca
cuando estoy merodeando —

está siempre en la ventana
aunque últimamente lo diviso

y menciono a mis caballos
la urgencia no es para mí —

c. 1873

1287

En esta corta vida
que ni una hora dura
cuánto —¡ay! qué poquito—
está en nuestro poder

c. 1873

1291

Cuando el desierto sabe
que el agua crece
le basta la arena
pero si alguna vez duda
del Mar Caspio
el Sahara muere

todo es relativo —
tener o no tener
adyacentes sumas
bastante — la primera morada
en la ruta familiar
galopaba en sueños —

c. 1873

1292

Ayer esta historia,
quedó tan lejos —
ayer es poesía —
es filosofía —
ayer es misterio —
dónde ha quedado hoy
mientras agudamente especulamos
los dos se van volando

c. 1873

1293

Las cosas que pensamos que debíamos hacer
son otras las que hemos hecho
pero esas singulares industrias
nunca se empezaron —

las tierras que pensábamos buscar
cuando eran bastante grandes
por especulación cedieron
a los hijos de la Especulación —

el cielo, en el que esperábamos hacer una pausa
cumplida la disciplina
insostenible para la lógica
pero posiblemente la única —

c. 1874

1302

Pienso que la raíz del viento es de agua —
no sonaría tan hondo
si fuera un producto del firmamento —
el aire no atesora océanos
entonaciones mediterráneas —
para cualquier oído —
hay una marítima convicción
en la atmósfera —

c. 1874

1304

No con una cachiporra, se rompe el corazón
ni con una piedra —
Un látigo tan pequeño que no podía verse
he conocido

para azotar la mágica criatura
hasta que cayera,
mas el nombre de ese látigo
demasiado noble para decirlo.

Magnánimo como un pájaro
por el niño descrito —
cantando a la piedra
por la que murió —

Vergüenza no necesita agazaparse
en una tierra como la nuestra —

vergüenza — permanece erecta —
el universo es tuyo.

c. 1874

1305

Recuerde mi cara
cuando en tu felicidad,
aguardado en el paraíso hoy
huésped mío seguramente —

otras cortesías ha habido —
otra cortesía podrá haber —
nos encomendamos a ti
parangón de caballerosidad.

c. 1874

1318

Frígido y dulce su rostro que partía —
frígidos y raudos mis pies —
desconocido y vano cualquier clima
acre cualquier destino.

Me lo dieron sin ningún ropaje
riquezas y nombre y reino —
¿quién era ella para arrancarme
hogar y penuria?

c. 1874

1320

Querido marzo — ven —
qué contenta estoy —
esperaba que vinieras antes —
deja tu sombrero —
caminaste mucho —
quedaste sin aliento —
querido marzo, cómo estás, y los otros —
dejaste bien a la naturaleza —
marzo, ven subamos juntos la escalera —
tengo tanto que decirte —

recibí tu carta y los pájaros —
los arces nunca saben que llegas — hasta que llamo
yo declaro — que sus caras se pusieron rojas —
pero perdóname marzo — y
para esas montañas que me dejaste —
no hallé un púrpura adecuado —
te lo llevaste todo —

¿quién golpea? Es abril.
Cierra la puerta —
no quiero que me persigan —
quedó un año ausente y llegó
cuando estoy ocupada —
pero estas bagatelas parecen triviales
en cuanto has llegado

ese reproche es tan querido como el elogio
y el elogio tan mero como el reproche —

c. 1874

1323

Nunca oí decir que uno está muerto
sin la fortuna de la vida
de nuevo aniquilándome
esa fe potente,

demasiado potente para mi mente cotidiana
que labrando su abismo,
tuvo locuras, una o dos veces
la bostezante conciencia,

las creencias están amorzadazas, como la lengua
cuando el terror se comunica
en cualquier tono desmesurado
podría dejarnos al instante muertos

no conozco hombre tan valiente
que se atreva en un solitario lugar
deliberadamente a enfrentar
esa horrible conciencia forastera —

c. 1874

1329

Si ellos se han olvidado
o están olvidando ahora
o nunca recordaron —
mejor no saber —

miserias de las conjeturas
son una pena más suave
que una verdad de hierro
endurecida por un yo lo sé —

c. *1874*

1331

Asombro — no es precisamente saber
y no es precisamente no saber —
una preciosa pero helada condición
que no ha vivido quien no lo sintió —

Suspenso — es su hermana madura —
ya sea adulto deleite, pena
por sí solo un nuevo temor —
esto es el mosquito que lacera a los hombres —

c. *1874*

1333

Un poco de locura en primavera
es sano aun para un rey,
pero Dios está con el clown —
que medita frente a esa tremenda escena —
esta gran experiencia de verde —
¡diciéndose a sí mismo que le pertenece!

c. *1875*

1335

Déjame no dañar este perfecto sueño
con una mancha auroral
pero ajústame a mi diaria noche
que volverá de nuevo.

No es cuando sabemos, que el poder acosa —
la vestidura de sorpresa
era todo lo que nuestra tímida madre usaba
en casa — en el paraíso.

c. 1875

1347

Huir es una palabra tan agradecida
a menudo en la noche
la considero dentro de mí misma
sin espectáculos exteriores

huir — es la canasta
en que mi corazón está preso
cuando bajando a una horrible fortaleza
el resto de la vida se pierde —

no es para ver al Salvador —
es para ser el Salvador —
y por eso reclino mi cabeza
sobre esta digna palabra —

c. 1875

1350

La suerte no es fortuna —
es trabajo —
la cara sonrisa de la fortuna
tiene que ganarse —
el padre de la mina
es la vieja moneda anticuada
que hemos despreciado —

c. 1875

1356

La rata es breve locataria.
No paga renta.
Repudia las obligaciones —
y persigue sus combinaciones

jugando con nuestra astucia
se esconde o se esquiva —
el odio no daña
a ese enemigo tan reticente —
ningún decreto puede excluirlo
tiene su ley, el equilibrio.

c. 1876

1376

Los sueños son el sutil don
que nos vuelve ricos por una hora —

luego nos arrojan pobres
afuera de la púrpura puerta
en el precinto frío
anterior antes poseído —

c. 1876

1379

Su mansión en el charco
la rana abandona —
se eleva sobre un leño
para dar sus conferencias —
por auditorio tiene dos mundos
(deduciéndome a mí) —
el orador de abril
está ronco hoy —
tiene mitones en sus pies
ninguna mano tiene —
su elocuencia es una burbuja
así debe ser la fama —
apláudanlo y descubrirán
para vuestra pena
Demóstenes se ha desvanecido
en los tribunales verdes —

c. 1876

1382

En muchos lugares innumerables
sentimos una alegría —

innumerables, también, pero sinceros como la natu-
[raleza
o la deidad —

llega, sin consternación —
se disuelve — de igual modo —
pero deja una suntuosa destitución —
sin nombre —

profanarla por buscarla — no podemos
no tiene hogar —
nosotros que la hemos aspirado una vez —
subsecuentemente merodeamos.

c. 1786

1383

Largos años apartado — no pueden hacer
una brecha que un segundo no puede llenar —
la ausencia de la bruja no
invalida el embrujamiento —

las brasas de mil años
descubiertas por la mano
que las acuñó cuando eran fuego
se estremecerán y comprenderán —

c. 1876

1385

"Secretos" es una diaria palabra
sin embargo no existe —
embozada — remite conjeturas —
murmurada — ha cesado —
aprisionada en el pecho humano
indudables secretos yacen
pero de esa reja inviolada —
ni parte ni vuelve
nada que tenga oreja o lengua —
los secretos están ahí
emergen una vez — y mudos —
al sepulcro —

c. 1879

1386

Veranos — todos hemos visto —
algunos de nosotros — creíamos —
unos pocos — los que más aspiran
indudablemente — amado —

pero al verano no le importa —
recorre su largo camino
tan indescifrable como la luna
para nuestra temeridad —

la sentencia de ser adorado —
la afluencia conferida —

desconocida como para un éxtasis
del embrión dotado —

c. 1876

1389

Toca ligeramente la dulce guitarra de la naturaleza
siempre que conozcas el tono
o cada pájaro te señalará
por ser bardo prematuro —

c. 1876

1391

Podrían no necesitarme — aún podrían —
dejaré mi corazón a la vista —
una sonrisa tan ínfima como la mía podría ser
precisamente lo que necesitan —

c. 1877

1392

Esperanza es un raro invento —
patente del corazón —
de perseverante acción
que nunca se gasta —

de este aditamento eléctrico

nada se sabe
porque su único *momentum*
embellece todo lo que tenemos —

c. 1877

1393

Deposita este laurel sobre quien es
demasiado auténtico para ser renombrado —
laurel — cuida tu árbol inmortal —
a quien purificas, ¡éste es él!

c. 1877

1395

Después que los pájaros todos fueron investigados y
[dejados —
la naturaleza imparte su pequeño pájaro azul — per-
[suadida
que su consciente voz se elevará imperturbable
sobre ostensibles vicisitudes.

Primera en marzo — compitiendo con el viento —
su anhelante nota nos exalta — como un amigo —
después para adherirse cuando el veranio se desva-
[nece —
elegía de la integridad.

c. 1877

1397

Parecía que las calles estaban corriendo
y luego — las calles quedaron quietas —
eclipse — fue todo lo que podíamos ver en la ven-
[tana
y asombro — todo lo que podíamos sentir.

Y luego — el más valiente salió de su refugio
para ver si el tiempo estaba ahí —
la naturaleza estaba con un delantal de ópalo,
mezclando el aire fresco.

c. 1877

1398

No tengo otra vida que ésta —
para vivirla aquí —
ninguna muerte — no sea que
la disipe de ahí —

ni atadura a tierras venideras —
ni acciones nuevas —
excepto a través de esta extensión —
el reino tuyo —

c. 1877

1400

¡Qué misterio perdura en un aljibe!
El agua vive tan lejos —

ese vecino de otro mundo
reside en un cántaro

cuyo límite nadie nunca vio,
sólo su tapa de vidrio —
¡Mirando cada vez que a uno le place
el abismo de su faz!

El pasto parece no asustarse,
a menudo me pregunto
cómo permanece tan cerca y tan valiente mira
lo que es un susto para mí.

Relatado de algún modo hay,
juncos que están junto al mar —
donde no tienen suelo
y no revelan su timidez

pero la naturaleza es una forastera aún;
los que más la mencionan nunca pasaron
por su embrujada casa,
ni simplificaron su fantasma.

Compadecer a los que no la conocen
ayudados por la revelación
de los que la conocen, saben que
más cerca de ella están menos la conocen.

c. 1877?

1401

Poseer a una Susana mía
es de por sí una dicha —
cualquier reino que me enajene, Señor,
¡consérvame en éste!

c. 1877

1402

Al adicto polvo
con seguridad confiamos —
lengua si la tiene,
inviolada por ti —
silencio — designa —
y santidad — te fortalece —
pasajero — de lo infinito —

c. 1877

1403

Mi Hacedor — déjame ser a mí
la más enamorada de ti —
por más próxima de ti que esté
te extrañaría cada vez más —

c. 1877

1405

La abeja es negra, su sobrecincha dorada —
bucanera del zumbido.
Vuela ostentosamente
y subsiste en espuma.

Espuma predestinada — no espuma contingente —
médula de las colinas.
Toneles — que en un cataclismo universal
no podría perder ni una gota.

c. 1877

1406

No se conoce un pasajero que haya huido —
si se albergó una noche en la memoria —
esa caprichosa — subterránea posada
consigue que nadie salga de ella otra vez —

c. 1877

1408

Que la tierra sea el cielo —
aunque el cielo sea el cielo o no
no es un Afidávit
de ese específico punto
no sólo tiene que confirmarnos
que no es para nosotros

pero sería una afrenta
vivir en semejante lugar —

c. 1877

1411

De la existencia del paraíso
todo lo que sabemos
es la incierta certidumbre —
pero su vecindad se infiere,
por su divisivo mensajero —

c. 1877

1413

Dulce escepticismo del corazón —
que sabe — y que no sabe —
y vaga como un vuelo de bálsamo —
afrontando la nieve —
invita y retarda la verdad
a menos que la certidumbre se marchite
comparada con la deliciosa angustia
del rapto estremecido de terror —

c. 1877

1418

Qué solitario el viento se sentirá noche —
cuando la gente ha apagado todas las luces

y en todas partes donde hay una posada
se cierran las persianas y entran —

qué pomposo el viento se sentirá mediodía
llevando el paso de incorpórea música
corrigiendo errores del cielo y clarificando la escena

qué grande el viento se sentirá mañana
acampando en millones de auroras
casándose con cada una y aguijoneando a todas
luego elevándose a su alto templo —

c. 1877

1420

Una alegría por tanta angustia
tiene para mí la dulce naturaleza
la esquivo como a la desesperación
o a la querida inicuidad —
por qué los pájaros, una mañana de verano
antes del raudo día
tienen que apuñalar mi arrobado espíritu
con puñales de melodía
es parte de una indagación
que recibirá la respuesta
cuando carne y espíritu
se dividan en inmediata muerte —

c. 1877

1422

El verano tiene dos comienzos —
comenzando primero en junio —
comenzando en octubre
afectuosamente de nuevo —

tal vez, sin tumulto
pero más gráfico en gracia —
como es más sutil el alejamiento
que la permanencia de su rostro —

alejarse entonces — para siempre —
para siempre — hasta mayo —
para siempre es decedente —
excepto para los que mueren —

c. 1877

1423

El más hermoso hogar que jamás conocí
se construyó en una hora
en convites que también yo conocía
una araña y una flor —
una mansión de encajes y de filoseda —

c. 1877

1428

El agua forma muchos lechos
para los que adversos al sueño —

los horribles aposentos abiertos permanecen —
las cortinas blandamente se mecen —

aborrecido es el descanso
en ondulados cuartos
cuya amplitud ningún final invade —
cuyo eje nunca llega.

c. 1877

1434

No te acerques demasiado a una casa de Rosa —
la depredación de la brisa
o inundación del rocío
alarma sus muros afuera —

ni trates de atar una mariposa,
ni trepes las barras del éxtasis,
en la inseguridad de la mentira
asegura el júbilo su calidad.

c. 1878

1437

Un rocío se basta a sí mismo —
y satisface una hoja
y siente "¡qué vasto un destino" —
"qué trivial la vida!"

El sol salió a trabajar —
el día salió a jugar
y de nuevo la fisonomía
del rocío no se vio más

o raptado por el día
o vaciado por el sol
dentro del mar al pasar
eternamente desconocido

se afirma hasta hoy
es la horrible tragedia
por arrebatos de inestabilidad
y celeridad del destino.

c. 1878

1439

Qué despiadados son los suaves —
qué crueles los buenos —
Dios olvidó su contrato con el cordero
para calificar el viento —

c. 1878

1449

Pensé que el tren no llegaría nunca —
qué lento el silbido cantaba —
no sospechaba que un travieso pájaro

gimiera tanto por la primavera —
enseñé a mi corazón cien veces
claramente algo para decir —
provocativo amante, cuando llegaste
su melodía se fue volando
para esconder mi estrategia demasiado tarde
demasiado sabio para ser tan pronto —
pues en infortunios apacibles
la dicha expían —

c. 1878

1451

Cualquiera que desencante
a un solo ser humano
por traición o por irreverencia
es culpable de todo.

Inocente como un pájaro
gráfico como una estrella
hasta una sugestión siniestra
que las cosas no son lo que son —

c. 1878

1452

Tus pensamientos no tienen palabras cada día
llegan una sola vez
como signos esotéricos sorben

del vino de la comunión
que al probarlo tan familiar parece
tan natural de ser como es
que no puedes comprender su precio
ni su infrecuencia

c. 1878

1455

La opinión es algo movible,
mas la verdad, sobrevive al sol —
si no podemos poseer ambas —
poseamos la más vieja —

c. 1879

1456

Tan alegre una flor
aflige la mente
como si fuera una desdicha —
¿entonces — la belleza es una aflicción?
Debería saberlo la tradición —

c. 1879

1460

Su mejilla es su biógrafo —
mientras pueda sonrojarse

perdición es un oprobio —
pasado ya, pecará en paz —

c. 1879

1461

"Padre nuestro que estás en los cielos" — retoma
tu suprema iniquidad
modelada por tus cándidas manos
en un momento de contrabando —
confiar en nosotros — nos parece
más respetable — "Somos Polvo" —
te pedimos disculpas
por tu propia duplicidad —

c. 1879

1462

No sabíamos que íbamos a vivir —
ni cuándo — vamos a morir —
nuestra ignorancia — es nuestra coraza —
usamos nuestra mortalidad
tan ligeramente como vestidura de opción
hasta que nos ordenan quitarla —
por esa instrusión conocemos a Dios —
lo mismo sucede con la vida —

c. 1879

1473

Hablamos entre nosotros de nosotros
aunque ninguno de nosotros hablara —
estábamos escuchando las carreras de los segundos
y los cascos del reloj —
deteniéndose frente a nuestros impávidos rostros
el tiempo tuvo compasión —
arcas de alivio nos ofreció —
Ararats — tomamos —

c. 1879

1476

Su voz decrépita estaba de alegría —
sus palabras tartamudeaban
qué ancianas las noticias del amor tienen que ser
para envejecer los labios
que murmuraban hace un momento de júbilo —
es felicidad o pena —
o terror — que decoran
este lívido encuentro —

c. 1879

1478

Mira el tiempo hacia atrás, con bondadosos ojos —
sin duda hizo lo mejor que pudo —

cuán suavemente se oculta temblando el sol
en el oeste de la naturaleza humana —

c. 1879

1479

El demonio — si fuera fiel
sería el mejor amigo —
porque tiene habilidad —
pero los demonios no pueden enmendarse —
perfidia es la virtud
que podría tener si renunciara
el demonio — sin duda
sería totalmente divino

c. 1879

1487

El Salvador habrá sido
un dócil caballero —
para venir tan lejos un día tan frío
para insignificantes compañeros —

el camino a Bethlehem
desde que El y yo éramos niños
fue nivelado, y habrán sido
un billón de millas escarpadas —

c. 1880

1504

De quien tan amado
el nombre oído
ilumina con destello
tan íntimo — tan fugitivo
como el sol sobre la nieve

c. 1880

1506

El verano es más corto que cualquiera —
la vida es más corta que el verano —
setenta años se gastan tan rápidamente
como un dólar —

el dolor — ahora — es bien educado — y queda —
qué bien lo despreciamos —
igualmente para aborrecer el deleite —
igualmente para retenerlo —

c. 1880

1515

Las cosas que nunca vuelven son numerosas —
infancia — algunas formas de esperanza — los muer-
[tos —
aunque alegrías — como hombres — pueden algunas
[veces hacer una incursión

y aun permanecer —
no lloramos por viajeros, o marineros,
sus caminos son hermosos —
pero piensan engrandecidos por todo lo que quieren

cuando vuelven aquí —
"¡aquí!" Hay típicos "aquí" —
predichos lugares —
el espíritu no se mantiene —
a sí mismo — cualquiera sea
su tierra natal —

c. 1881

1518

No viendo, aún sabemos —
no sabiendo, adivinamos —
no adivinando, sonreír y ocultar
y apenas acariciar —

y temblar — sustraerse,
seráfico miedo —
es el *innuendo* del Edén
"¿Si te atreves?".

c. 1881

1519

El pálido tallo del Diente de León
asombra al pasto,

y el invierno al instante se transforma
en un infinito Ay de mí —

el tallo sostiene un pimpollo de señal
y luego una esplendente flor, —
la proclamación de los soles
que la sepultura pasó.

c. 1881

1521

La mariposa en el cielo,
que no conoce su nombre
y nunca paga impuestos
y que no tiene una casa
es alta como tú y yo,
tal vez más alta, sospecho,
elévate, no suspires
es así como hay que sufrir —

c. 1881

1523

Nunca sabemos que vamos cuando vamos yendo —
gesticulamos y cerramos la puerta —
la fatalidad—siguiéndonos—la cierra con cerrojo—
no insistimos más —

c. 1881

1533

En esa específica almohada
nuestros proyectos vuelan —
de la noche el tremendo mañana
y aunque el sueño quedara
o nos empujara — un forastero —
a situaciones nuevas
es esfuerzo para comprenderlo
es todo lo que el alma puede hacer.

c. 1881

1535

La vida atada demasiado fuertemente escapa
y para siempre correrá
con prudencial mirada hacia atrás
y espectros de la rienda —
el caballo que olfatea el pasto vital
y ve la pradera sonreír
será recautivado con un balazo
si es que lo cautivan —

c. 1881

1536

Y llega una advertencia como un espía
un más corto aliento del día

un furtivo robo que no es robo
y los veranos se van —

c. 1881

1537

Candor — mi templado amigo —
ven para no jugar conmigo —
las mirras, y las mocas, de la mente
son su inicuidad —

c. 1881

1540

Tan imperceptible como una pena
el verano se deslizó lejos
demasiado imperceptible por fin
para parecer perfidia —
una quietud distilada
como un crepúsculo demorado,
o la naturaleza prodigando consigo misma
secuestradas tardes —
la noche llegó más pronto —
la mañana extraña brilló —
una cortés y sugestiva gracia,
como huésped, que se iría —
así no más, sin ala
sin la asistencia de una nave

nuestro verano hizo su rápida escapada
dentro de la belleza.

c. 1865

1544

El que no haya encontrado el cielo — abajo —
no lo encontrará arriba —
pues los ángeles rentan la casa vecina,
dondequiera que nos mudemos —

c. 1883

1546

Dulce pirata del corazón,
no pirata del mar,
¿qué te hace naufragar?
¿Alguna revuelta de especies —
alguna perfidia del aceite esencial?
Confía en mí.

c. 1882

1548

Encontrándonos por accidente,
revoloteamos por designio —
tan frecuente como una centuria
un error tan divino

lo ratifica el destino,
pero el destino es viejo
y económico de ventura
como Midas del oro —

c. 1882

1549

Mis guerras dejé en los libros —
tengo una batalla más —
un enemigo que jamás he visto
pero frecuentemente me examinó —
vaciló entre mí
y otras personas a mi lado,
pero eligió lo mejor — descuidándome — hasta
que el resto, murió —
qué dulce si no soy olvidada
por compañeros que se fueron —
desde que compañeros de juego de setenta scores
son tan escasos —

c. 1882

1551

Los que morían — entonces,
sabían adonde iban —
iban a la diestra de Dios —
esa mano la amputaron ahora
y Dios no se puede encontrar —

la abdicación de la fe
empequeñece el comportamiento —
mejor un fuego fatuo
que ningún fuego —

c. 1882

1556

Imagen de la luz, adiós —
gracias por esta entrevista —
tan larga — tan corta —
preceptor de todo —
cardenal coetaño —
confiere — desaparece

c. 1882

1560

Ser olvidado por ti
sobrepasa la memoria
dc otras mentes
el corazón no puede olvidar
a menos que contemple
lo que declina
me consideraban entonces
salida del olvido
una sola vez
ser recordada por qué —

digna de ser olvidada
es mi renombre

c. 1883

1567

El corazón tiene muchas puertas —
sólo me basta llamar —
para un dulce "entre"
impelido a escuchar —
no entristecido por repulsión,
repitiéndome
que en alguna parte, existe,
supremacía —

c. 1883

1568

Verla es un cuadro —
oírla es una melodía —
conocerla una intemperancia
inocente como junio —
no conocerla — una aflicción —
tenerla de amiga
un calor tan cercano como si el sol
brillara en la mano.

c. 1883

1575

El murciélago es pardo, con alas arrugadas —
como pieza antigua —
ningún canto sale de sus labios —
o ninguno perceptible.

Su pequeña sombrilla caprichosamente dividida
describe en el aire
un arco inescrutable
exaltado filósofo.

Delegado de qué firmamento —
de qué astuta morada —
imbuido de tanta malignidad
auspiciosamente contenida —

a su hábil Creador
dedica no menor alabanza —
benéficas, créanme,
son sus excentricidades —

c. 1876

1583

La hechicería se ahorcó en la historia,
pero la historia y yo
hallamos la hechicería que necesitamos
a nuestro alrededor, cada día —

c. 1883

1587

Comió y bebió preciosas palabras —
su espíritu se robusteció —
no supo más que era pobre,
ni que su origen fuera polvo —

bailó a través de turbios días
y este requerimiento de alas
era sólo un libro — qué libertad
un espíritu exaltado trae —

c. *1883*

1588

Este yo — que trabaja y camina — tiene que morir,
un hermoso o tormentoso día,
adversidad tendrá que ser
o delirante prosperidad
la puerta del rumor estaba tan cerrada
antes que mi mente despertara
que ni el golpe del presagio
puede mellarla —

c. *1883*

1593

Apareció el viento como un clarín —
trémulo a través del pasto

y un verde frío sobre el calor
tan ominoso pasó
que atrancamos ventanas y puertas
como si fuera un fantasma de esmeralda —

la eléctrica serpiente del juicio
en ese preciso instante pasó —
sobre un extraño conjunto de árboles anhelantes
y los cercos huyeron lejos
y los ríos donde las casas corrían
miraron los que ahí vivían — aquel día —
las campanas dentro de la cúpula enardecida
las noticias volando dijeron —
¡cuántas cosas pueden llegar
y cuántas más irse,
y asimismo morar en el mundo!

c. 1883

1598

Quien busca mi almohada en las noches —
con clara inquisidora faz —
"Fuiste tú" o "no fuiste tú", para averiguar —
es "la conciencia" — niñera de los niños —

con mano marcial alisa el pelo
sobre mi trémula cabeza —
"Todo" bandido "tendrá su parte en" qué —
el fósforo de Dios —

c. 1884

1618

Hay dos *podría hacerlo*
luego un *tendré que hacerlo*
después un *podré.*
¡Qué infinito compromiso
para indicar lo haré!

c. 1884

1619

No sabiendo cuándo el alba llegará,
abro todas las puertas,
o tiene plumas, como un pájaro,
o como la costa, olas —

c. 1884

1624

Aparentemente sin sorprender
a ninguna dichosa flor
la helada la decapita para jugar —
con un poder accidental —
La rubia asesina sigue su camino —
el sol prosigue impertérrito
y mide otro día
para un beneplácito Dios.

c. 1884

1627 a

El pedigré de la miel
no concierne a la abeja,
ni el linaje de éxtasis
demora a la mariposa
en relucientes viajes a la cima
de alguna cosa imperceptible —
el derecho de viaje a Trípoli
es una cosa más esencial.

c. 1884

1627 b

El pedigré de la miel
no concierne a la abeja —
un trébol, suele ser, en cualquier momento,
para ella aristocracia —

c. 1884

1629

Flechas enamoradas de su corazón —
olvidaron pelear ahí
y venenos confundió por bálsamos
desdeñando pelear ahí —

c. 1884

1631

¡Oh futuro! secreta paz
o subterránea pena —
no hay una senda que llegue vagando hasta tu gracia
que conduce lejos de ti —
ningún circuito sabio de todo el camino
descripto por hombres engañadores
para frustrarte de tu sagrada presa —
avanzando hacia tu antro —

c. 1884

1634

No me hablen a mí de los árboles del verano
de follajes de la mente
un tabernáculo es para los pájaros
de una clase incorpórea
y los vientos van de ese modo a mediodía
a sus etéreas casas
cuyo clarín llama sólo a algunos de nosotros
hacia reinos ignotos

c. 1884

1640

Sacadme todo lo que tengo, pero dejadme el éxtasis,
soy más rica que todos los hombres —

me duele morar con tanta riqueza
cuando a mi puerta hay quienes poseen mucho más,
en abyecta miseria —

c. 1885

1646

¿Por qué apurarnos? — ¿Realmente por qué?
A cualquier lugar que acudamos
nos molestará de igual modo
la inmortalidad.

No hay tregua para la inferencia
de lo que emprendemos
aunque donde su labor yace
una dulce incertidumbre
acosa la visión
esta poderosa noche —

c. 1885

1650

Un sendero amarillo guiaba los ojos
a un bosque purpúreo
cuyos suaves habitantes
superan la soledad
si el ave contradice el silencio
o si una flor presume lucirse

en ese tímido verano de occidente
imposible saberlo —

?

1654

Belleza me asfixias hasta matarme
belleza ten piedad de mí
ma si hoy expiro
que sea con los ojos puestos en ti —

?

1659

La fama es un voluble alimento
sobre un transmutado plato
cuya mesa una vez
es para el convidado
pero una segunda vez, no.

Los cuervos inspeccionan las migajas
y con irónico graznido
las llevan golpeando el ala
hasta el trigo del granjero —
hombres comen de este alimento y mueren.

?

1660

La gloria es una trágica y brillante cosa
que por un instante
significa dominio —
abriga algún pobre nombre
que nunca sintió el sol,
suavemente reponiéndose
en el olvido —

?

1677

En mi volcán crece el pasto
lugar de recogimiento —
un terreno para que elija el pájaro
sería una interpretación común —

qué rojo el fuego se estremece abajo —
qué insegura la tierra
si yo lo descubriera
poblaría de pavor mi soledad.

?

1680

Algunas veces con el corazón
raras veces con el alma

escasamente con la fuerza
pocos — aman.

?

1681

La palabra es un síntoma de afecto
el silencio otro —
la perfecta comunicación
nadie la oye —

existe y su revelación
está dentro —
ved aquí, dijo el apóstol,
¡mas no había visto!

?

1683

Que ella me olvidara fue lo mínimo
sentí una pena secundaria
que merezca el olvido
fue lo que más me preocupó.

Ser fiel era todo mi alarde
mas la constancia se volvió
para ella, innominada,
como una vergüenza.

?

1684

El error está en estimar.
La eternidad está ahí
la nombramos, como a una estación —
mientras está tan cerca

me acompaña en mis correrías —
comparte mi morada —
ningún amigo tengo que tanto persista
como esta eternidad.

?

1689

¿Tu apariencia, cómo es
tienes una mano o un pie
mansión de identidad
y cuál es tu aspiración?

¿Tus compañeros son reinos o temas
tienes deleite o temor
o anhelo — y es por nosotros
o por algo más valioso?

Deja el cambio transfundir otros rasgos
aprobar cualquier otra culpa
pero concede este menor certificado —
que serás el mismo.

?

1695

Hay una soledad del espacio
una soledad del mar
una soledad de la muerte, pero éstas
sociedad serán
comparadas con ese más profundo sitio
con ese polar aislamiento
un alma que admite a ella misma —
delimitada infinidad.

?

1705

Volcanes hay en Sicilia
y en Sudamérica
lo sé por mi geografía —
los volcanes más cercanos aquí
arrojan lava en cualquier momento
y yo tentada a escalar —
un cráter puedo contemplar
el Vesubio en casa.

?

1706

Cuando cesamos de preocuparnos
el regalo se ha dado
por el que dimos la tierra

e hipotecado el cielo
pero tan desvalorizado su valor
que es ignominia ahora
contemplarlo —

?

1708

El embrujo no tiene pedigrí
es tan antiguo como nuestra respiración
los deudos lo encuentran vagando
en el momento de nuestra muerte —

?

1710

Una extraña nube sorprendió el cielo,
era como una sábana con cuernos;
la sábana era azul —
los cuernos grises —
casi tocaba el césped.

Tan bajo se inclinaba — luego majestuosa estiró —
y arrastró como vestiduras,
una reina a lo largo de una nave de raso
no tendría su majestad.

?

1711

Una cara desprovista de amor o gracia,
una odiosa, dura, exitosa cara,
una cara en la que una piedra
se sentiría totalmente cómoda
como si fueran viejas amigas —
por primera vez unidas juntas.

?

1713

Tan sutil como el mañana
que nunca llegó,
una garantía, una convicción,
sin embargo sólo un nombre.

?

1718

Ahogarse no es tan terrible
como querer salvarse.
Tres veces, dicen, el hombre se hunde,
vuelve a mirar el cielo,
y luego se hunde para siempre
en esa aborrecible morada,
donde la esperanza y él comparten compañía —
pues él está asido a Dios.

El rostro cordial del Hacedor,
por bueno que sea
se esquiva, tenemos que admitirlo,
como una adversidad.

?

1719

Dios es sin duda un celoso dios —
no puede soportar
que podamos sin él
preferir uno con otro jugar.

?

1720

Si hubiera sabido que el primero era el último
lo hubiera conservado más tiempo.
Si hubiera sabido que el último era el primero
hubiera bebido más.
Copa, fue tu culpa,
no eras labio el mentiroso.
No, labio, fuc tu culpa
y la dicha fue la más culpable.

?

1722

Su luz estaba en una cama de pelo,
como flores en un terrón de tierra —

su mano estaba más blanca que el esperma
que nutre la sagrada luz.
Su lengua más tierna que la melodía
que tiembla en las hojas —
quien lo oye podrá ser incrédulo,
quien lo atestigua, cree.

?

1725

Tomé un trago de la vida —
te diré cuánto lo pagué —
con precisión una existencia —
el precio de mercado, dicen.

Me pesaron, polvo tras polvo —
balancearon célula con célula,
me entregaron su verdadero valor —
¡un solo dracma del cielo!

?

1726

Si todas las penas que voy a tener
sobrevinieran solo soy,
estoy tan feliz yo creo
que riéndome se irían.

Si todas las alegrías que voy a tener
sobrevinieran solo soy,
no podrían ser tan grandes como esto
que me sucede ahora.

?

1731

El amor puede hacer todo salvo despertar a los
[muertos
pero dudo hasta de eso
de semejante gigante que se vislumbraría
si la carne equivaliera

pero el amor cansado quiere dormir,
y hambriento pastar
y así favorecer el brillante vuelo
hasta que se pierde de vista.

?

1732

Mi vida murió dos veces antes de morir —
y aún queda por ver
si la inmortalidad revela
un tercer evento para mí

tan inmenso, tan desesperanzado de concebir
como éstos que dos veces acontecieron.

Partir es todo lo que sabemos del cielo,
y todo lo que necesitamos del infierno.

?

1734

Miel de una hora,
nunca supe tu poder,
prohíbeme
hasta que
mi más minúscula dote,
mi infrecuentada flor,
sea merecida.

?

1736

Orgullosa de mi corazón roto, ya que me lo rom-
[piste
orgullosa de mi pena que no sentí hasta que llegué
[a ti,

orgullosa de mi noche, ya que tú con lunas la apla-
[cabas,
para no compartir tu pasión, mi humildad.

No puedes vanagloriarte, como Jesús, ebrio sin com-
[pañero
fue la fuerte copa de angustia urdida por el Nazareno

podrías no penetrar la tradición con la incomparable
[punzada,
¡ved! ¡Usurpé tu crucifijo para honrar el mío!

?

1737

¡Recomponer el afecto de una esposa!
¡cuando dislocan mi cerebro!
¡Amputar mi pecoso pecho!
¡volverme barbuda como un hombre!

¡Ruborizar, mi espíritu con tu lujuria —
ruborizar, mi no reconocida arcilla —
siete años de fidelidad te han enseñado
más de lo que puede para siempre una esposa!

¡Amor que nunca saltó de su cuenca —
confianza atrincherada en estrecho dolor —
constancia a través del fuego — juzgada —
angustia — despojada de anodinos!

Carga — llevada triunfalmente tan lejos —
nadie advierte mi corona,
pues llevo las espinas hasta el ocaso —
luego — se coloca mi diadema.

Colmado mi secreto está amordazado —
jamás se irá

hasta el día en que el abrumado guardián
lo guíe hacia ti a través de la tumba.

?

1739

Algunos dicen buenas noches — de noche —
yo digo buenas noches de día —
adiós — el partir se expresa por mí —
buenas noches, aún repito —

pues partir, eso es noche,
y presencia, sencillamente aurora —
ella misma, la púrpura en la altura
denominada la mañana.

?

1740

Dulce es el pantano con sus misterios,
hasta que encontramos una serpiente;
entonces añoramos las casas,
y nos alejamos
con ese avasallante galope
que sólo la infancia conoce.
Una serpiente es la perfidia del verano,
la acechanza en el camino.

?

1755

Una pradera puede hacerse con un trébol y una
[abeja,
un trébol, una abeja,
y ensueño.
El ensueño basta
si son pocas las abejas.

?

1759

¿Quién extraña más,
la mano que cuida,
o el corazón tan suavemente nacido,
pesa doblemente
porque la mano se fue?

¿Quién bendice más,
el labio que puede,
o el que se fue a dormir
con "si pudiera" intentando
sin la fuerza de realizar?

?

1764

El ruido más triste, el ruido más dulce,
el ruido más demente que crece, —

los pájaros, lo hacen en primavera,
en el fin de la deliciosa noche.

Entre la línea de marzo y abril —
la mágica frontera
en que el verano vacila,
casi acercándose al cielo.

Nos hace pensar en todos los muertos
que deambulaban con nosotros aquí,
por separaciones embrujadas
más cruelmente queridas.

Nos hace pensar en lo que teníamos,
y lo que ahora deploramos.
Casi deseamos que esas gargantas de sirena
se fueran y no cantaran más.

Un oído puede romper el corazón humano
rápidamente como una espada,
desearíamos que el oído no tuviera un corazón
tan peligrosamente cerca.

?

1765

Que el amor es todo lo que hay,
es lo que sabemos del amor;
y basta, el flete tiene que estar
proporcionado al peso.

?

1768

I

Joven de Atenas, sé fiel,
a ti mismo,
y misterio —
todo el resto es perjurio —

c. 1883

II

Ateniense joven, sé fiel
a ti mismo,
y misterio —
todo el resto es perjurio —

1772

No me dejes sediento con este vino en mis labios,
ni mendigar con dominios en mi bolsillo —

c. 1881

1773

El verano que no apreciamos,
sus tesoros eran tan placenteros
instruyen yéndose ahora
y reconociéndonos indolentes —

se agita — pone su abrigo,
y escruta con fatal prontitud
escoltadas en momentos fuera de la vista,
inconsciente de su sagacidad.

c. 1883

1775

La tierra tiene muchas llaves.
Donde no está la melodía
está la desconocida península.
La belleza es la realidad de la naturaleza.

Pero testigos para su tierra,
y testigos para su mar,
el grillo es su extrema
elegía para mí.

?

Índice por orden alfabético

Poemas Pág.

Poemas Pág.

Poemas — Pág.

Poemas Pág.

Poemas Pág.

Poemas Pág.

Poemas Pág.

Poemas Pág.

Poemas Pág.

Poemas Pág.

Poemas Pág.

Poemas Pág.

AUSTRAL SINGULAR reúne las obras más emblemáticas de la literatura universal en una edición única.

TÍTULOS DE LA COLECCIÓN:

Las mil y una noches
Emma, Jane Austen
La abadía de Northanger, Jane Austen
Orgullo y prejuicio, Jane Austen
Persuasión, Jane Austen
Sentido y sensibilidad, Jane Austen
Las flores del mal, Charles Baudelaire
Crónicas marcianas, Ray Bradbury
Jane Eyre, Charlotte Brontë
Cumbres borrascosas, Emily Brontë
Don Quijote de la Mancha, Miguel de Cervantes
El corazón de las tinieblas, Joseph Conrad
¿Sueñan los androides con ovejas eléctricas?, Philip K. Dick
Grandes esperanzas, Charles Dickens
Poemas, Emily Dickinson
Crimen y castigo, Fiódor M. Dostoievski
Los tres mosqueteros, Alexandre Dumas
El gran Gatsby, Francis Scott Fitzgerald
Madame Bovary, Gustave Flaubert
Romancero gitano, Federico García Lorca
Fausto, Goethe
Las penas del joven Werther, Goethe
Ilíada, Homero

Odisea, Homero
Los miserables, Victor Hugo
Dublineses, James Joyce
El castillo, Franz Kafka
La metamorfosis y otros relatos de animales, Franz Kafka
El fantasma de la Ópera, Gaston Leroux
En las montañas de la locura, H. P. Lovecraft
Poesías completas, Antonio Machado
El Príncipe, Nicolás Maquiavelo
Mujercitas, Louisa May Alcott
Moby Dick, Herman Melville
Veinte poemas de amor y una canción desesperada, Pablo Neruda
1984, George Orwell
Rebelión en la granja, George Orwell
Los Pazos de Ulloa, Emilia Pardo Bazán
Cuentos, Edgar Allan Poe
Hamlet, William Shakespeare
Romeo y Julieta, William Shakespeare
Frankenstein, Mary Shelley
Rojo y negro, Stendhal
Drácula, Bram Stoker
Viajes de Gulliver, Jonathan Swift
Ana Karenina, Liev N. Tolstói
Guerra y paz, Liev N. Tolstói
La guerra de los mundos, H. G. Wells
La edad de la inocencia, Edith Wharton
Cuentos completos, Oscar Wilde
El retrato de Dorian Gray, Oscar Wilde
La señora Dalloway, Virginia Woolf
Las olas, Virginia Woolf
Orlando, Virginia Woolf
Una habitación propia, Virginia Woolf

AUSTRAL